中国科学技术发展战略研究院资助出版
国家自然科学基金资助项目（71672184）

中国情境下的海归创业行为与绩效研究

——基于创新生态视角

Research on the Entrepreneurial Behaviors and
Performance of Returnee Ventures under Chinese Context
—Based on the Innovation Ecosystem Perspective

| 陈 健 著 |

经济管理出版社
ECONOMY & MANAGEMENT PUBLISHING HOUSE

图书在版编目（CIP）数据

中国情境下的海归创业行为与绩效研究——基于创新生态视角/陈健著.—北京：经济
管理出版社，2019.5
ISBN 978-7-5096-6711-8

Ⅰ.①中…　Ⅱ.①陈…　Ⅲ.①创业—研究—中国　Ⅳ.①F249.214

中国版本图书馆CIP数据核字（2019）第137187号

组稿编辑：宋　娜
责任编辑：宋　娜　张馨予
责任印制：黄章平
责任校对：王淑卿

出版发行：经济管理出版社
　　　　　（北京市海淀区北蜂窝 8 号中雅大厦 A 座 11 层　　100038）
网　　址：www.E-mp.com.cn
电　　话：（010）51915602
印　　刷：三河市延风印装有限公司
经　　销：新华书店
开　　本：720mm×1000mm/16
印　　张：14.5
字　　数：215千字
版　　次：2020年6月第1版　2020年6月第1次印刷
书　　号：ISBN 978-7-5096-6711-8
定　　价：98.00元

摘　要

近年来，在我国政府"大众创业、万众创新"的战略部署下，一大批"海归"纷纷加入创业大军，成为促进中国经济实现新常态和推动科技创新的重要力量。但由于他们对中国情境缺乏了解，海归创业企业在发展过程中也面临"水土不服"的困境和挑战。因此，本书试图在组织生态理论、资源依赖理论和关系资本理论的基础上，通过综合运用文献计量、PSM 配对、面板回归、多案例比较和结构方程模型分析定性和定量的方法，构建一个包括创业情境和创业行为要素在内的框架，聚焦于海归在缺乏本土知识、难以适应本土情境等方面的劣势和障碍，及其对社会网络构建、创业学习和创业资源获取等行为的影响，并利用生态思维解释海归创业企业如何通过与本土生态的互动提高创业和创新绩效。希望通过本书的研究为海归创业者的实践和未来政策的制定提供更加网络化和系统化的思考，同时完善现有海归创业研究的不足。

具体而言，本书主要关注三个研究问题：

第一，海归创业企业与本土创业企业相比绩效是否更优？

第二，哪些因素会影响海归创业企业的行为和绩效？

第三，如何提高海归创业企业的创业绩效？

本书首先利用 2011～2015 年中关村科技园科技创业企业的面板统计数据，比较高技术产业海归与本土创业企业的绩效差异。结果表明，海归与本土创业企业相比在销售收入、利润率和存活率三个绩效指标上均表现更差，体现出明显的"外来者劣势"，因此，本书通过对多个海归创业者进行深度访谈，深入了解其在早期创业过程中的想法和做法，旨在发现海归创业企业在适应本土生态过程中的困境。研究结果表明，国内与国外的创业情境在市场、制度和文化等方面均具有显著差异，并对海归企业的网络构建、创业学习和资源获取等创业行为具有广泛的影响，需要海归创业者遵循新的逻辑框架来思考未来的战略行动。在此基础上，本书探索性地提出了生态情境—生态资源—生态租金这一思考路径，并在分析调查问卷的基础上对这一概念模型进行了验证。研究结果表明，本土创业网络与创业学习的交互作用与突破性创新绩效正相关，创业资源在这一正相关关系中起到中介作用，而这种基于关系的创业资源也只有转化为海归企业与合作伙伴之间的共同行动才能创造价值。因此，共同行动在创业资源与突破性创新的正相关关系中起到中介作用。

本书的创新点体现在：探索性地提出了一个基于中国情境的创业概念框架；丰富了现有的关于海归创业的研究内容和研究视角；从生态的角度解释了创业企业获得竞争优势的新的来源并提出了系统化思考路径；完善了现有的研究方法。笔者认为，在未来的发展过程中，海归创业企业应该加强跨组织学习，努力适应本土情境，克服"外来者劣势"，摒弃"技术至上"的思维，将生态化竞争作为战略制定的出发点，而政府也应该进一步优化创业环境，加强平台建设，同时提升创业教育水平。

关键词： 海归创业　创新生态　创业行为　创业绩效

目　录

第一章　绪　论

第四章　探索性案例研究——海归创业行为的情境化分析

第七章　结论与展望

第一章

绪　论

第一节　研究背景

一　现实背景

1．中国迎来从"人才流失"到"人才回归"的新时代

人才流动是 21 世纪重要的社会现象。中国长久以来就是全球最大的留学生来源国，1978～2015 年底，中国累计出国留学人数已经达到 404.21 万人[1]。然而，近年来，随着我国综合国力的不断增强，越来越多的海外留学人员选择回国发展，留学回国人员总数呈现逐年上升的趋势。同时，中央和地方各级政府陆续出台和实施了多项政策和举措，例如，中共中央、国务院在 2010 年 4 月印发的《国家中长期人才发展规划纲要（2010～2020 年）》（中发〔2010〕6 号）中确定了"实施人才创业扶持政策""实施更加开放的人才政策"等十项重大政策和"创新人才推进计划""青年英才开发计划""海外高层次人才引进计划"等 12 项重大人才工程；北京、上海、深圳、沈阳等地区也分别提出了"海外人才聚集工程"和"凤凰计划""曙光计划""孔雀计划""凤来雁归"等工程计划，鼓励海外人才回国工作或以多种形式为国服务。如今，我国出国留学人数与留学归国人数的"剪刀差"正在发生逆转[2]。截至 2014 年底，我国留学回国累计总人数已达 180.96 万，占出国留学累计总人数的 51.4%，其中仅 2014 年，回国人数就达到 36.48 万，比 2013 年增长了 3.20%[3]（见图 1-1）；2015 年留学回国人数更是高达 40.91 万人，

---

[1] 教育部．中国留学回国就业蓝皮书 2015[EB/OL]．http://www.moe.gov.cn/jyb_xwfb/xw_fbh/moe_2069/xwfbh_2016n/xwfb_160325/160325_sfcl01/201603/t20160325_235214.html，2016-03-25．

[2] 人社部．2015 年人力资源和社会保障事业发展统计公报 [EB/OL]．http://news.xinhuanet.com/politics/2016-05/30/c_129027775.htm，2016-05-30．

[3] 中国与全球化智库．2015 年中国海归就业与创业报告 [EB/OL]．http://news.sina.com.cn/zhiku/zkcg/2015-08-18/doc-ifxfxraw8907208.html，2015-08-18．

比 2014 年增长 12.1%[①]。我国迎来从"人才流失"到"人才回归"过渡的新时代（Saxenian，2005；Kenney et al.，2013）。

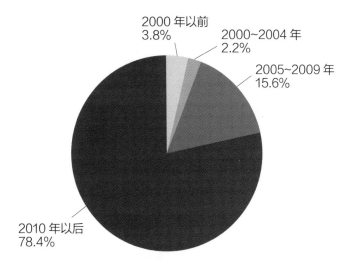

图 1-1　海归归国时间分布

资料来源：《2015 年中国海归就业与创业报告》。

2．海归成为我国创新创业的重要力量

在我国政府"大众创业、万众创新"的战略部署下，一大批海归纷纷加入创业大军。以北京中关村为例，2011 年该地区平均每个工作日就有 2 家海归企业诞生（张枢盛和陈继祥，2014），2013 年有海外留学和工作经历的创业者占到该地区创业者总数的 1/4[②]。为营造海归创业的良好环境，截至 2015 年底，我国已建成各级各类留学人员创业园 321 家，其中，入园企业超过 2.4 万家，6.7 万名留学人员在园创业，全年技工贸总收入超过 2800 亿元[③]，涌现出百度、亚信、搜狐、新浪、中星微电子、当当等一大批知名的海归创业企业（见表 1-1）。这些海归创业企业主要集中在生物医药、信息技术、

---

① 教育部. 2015 年我国出国留学人员情况 [EB/OL]. http://www.moe.gov.cn/jyb_xwfb/gzdt_gzdt/s5987/201603/t20160316_233837.html, 2016-03-16.

② 韩娜. 中关村创业报告：中关村创业者四分之一是海归 [N]. 北京晨报，2013-05-27.

③ 人社部. 2015 年人力资源和社会保障事业发展统计公报 [EB/OL]. http://news.xinhuanet.com/politics/2016-05/30/c_129027775.htm, 2016-05-30.

贸易、高端装备制造、文化创意、知识服务和节能环保等领域。与本土创业者相比，海归创业者往往具有良好的教育背景、丰富的国内外资源、先进的管理模式和理念、卓越的语言能力和跨文化背景以及专业互补的人才团队等优势（Wang，2012），通过明显的集聚和示范效应（Saxenian，2006；冉红霞，2008），成为促进中国经济实现新常态和推动科技创新的重要力量（见图1-2和图1-3）。

表1-1 海归创业的代表人物和公司

人物代表	所在公司名称	公司职位	留学国家	留学院校
李彦宏	百度	创办者、CEO	美国	纽约州立大学
张朝阳	搜狐	创办者、CEO	美国	MIT
汪延	新浪	董事长	法国	巴黎大学
沈南鹏	携程网	创办者	美国	耶鲁大学
李开复	创新工场	创办者、CEO	美国	卡耐基梅隆大学
俞渝	当当网	创办者、CEO	美国	纽约大学
史晓燕	北京伊力诺依投资有限公司	创办者、CEO	美国	惠林顿学院
张欣	SOHO中国	创办者、CEO	英国	剑桥大学
李莹	北京盈之宝汽车	创办者、CEO	德国	歌德学院

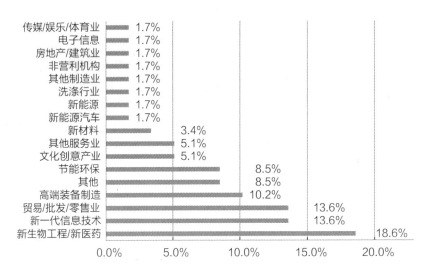

图1-2 海归创业的行业分布

资料来源：《2015年中国海归就业与创业报告》。

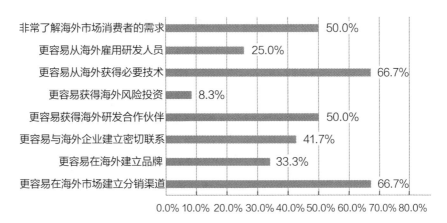

图1-3　海归创业的优势

资料来源：《2015年中国海归就业与创业报告》。

3．海归企业的死亡率高，无法适应中国情境

海归创业企业的发展也面临一些困境和挑战。目前，海归企业存在明显的"三三"现象：大约1/3有所发展，1/3能勉强维持，1/3处于破产或半破产状态（王耀辉和路江涌，2012a）。许多海归创业企业难以持续发展是市场本身的优胜劣汰机制所致；也有企业是其所处的高新产业发展阶段和企业创业周期等客观因素所导致，例如高新技术领域的创业企业普遍会面临研发成本高，市场投资风险大，知识产权、发明专利难以抵押估值而不便贷款等问题；还有部分海归面临对本土创业环境"水土不服"的困境。尽管许多海归拥有丰富的在跨国企业工作的经验，但自主创业需要与供应链上、中、下游各个环节的企业、政府部门、科研机构和顾客打交道，远远超出了过去的工作范围。远离故土多年的海归回国创业的过程也是对本土商业环境和市场再熟悉、再适应的过程（王耀辉和路江涌，2012b）。

4．创新生态系统成为新的竞争优势来源

在全球化的背景下，随着IT技术的兴起、顾客需求的复杂多变、产品

和技术更新换代速度的加快及商业活动中知识等无形资源的增加，使竞争环境由静态向动态、由有限竞争向无限竞争过渡（范保群和王毅，2006；Willianson and De Meyer，2012）。传统的战略思维和组织结构已经难以满足当今快速变化和充满不确定性的市场环境的需要。生态系统为解决这一困境提供了一种思路。目前，在政策领域，美国、欧盟和日本等国家和地区在《崛起的挑战：美国应对全球经济的创新政策》（2012）、日本《第三次科学与技术基础规划》（2006）、欧盟的《开放式创新2.0》（2013）等报告中，都主张基于生态系统的概念制定技术和创新政策。我国政府也在"大众创业、万众创新"的战略部署下，通过了《关于大力推进大众创业万众创新若干政策措施的意见》，指出政府应将建立、健全创业创新的生态环境作为工作重点。许多企业开始脱离传统的产业视角，逐渐转向围绕生态系统制定战略计划（Adner，2017；Ansari et al.，2016），涌现出苹果、阿里巴巴、小米等一大批成功案例。这为海归创业企业的发展提供了机遇，也对过去企业倾向于选择基于短期利益目标的战略行为提出了挑战（Tang and Hull，2012）。可以说，对资源稀缺的海归创业企业而言，其死亡率高的一个重要原因在于无法构建完善的本土生态。创业者通过观察他人的创业行动和亲身实践等方式进行创业学习，获得相应的创业知识，捕捉机会和规避风险，并从其所在的网络获得必需的创业资源，从而与生态系统内其他成员建立目标一致、利益共享、互利共生的关系共同体，这成为海归创业企业在动态变化的环境中实现创新和价值创造的关键。

二 理论背景

1. 跨国创业研究正在成为研究热点

20世纪90年代末，创业研究迅速发展，并逐渐跻身于管理学研究的主流（张玉利等，2014）。创业是一个社会过程，受文化、经济状况和制度环境的影响和限制，因此，它需要从全球、国家和区域等不同的层面去理解（Roper，2012）。在这种背景下，创业研究一方面依托于西方成熟的经济市场环境以增加理论的深度，另一方面注重探索新兴经济体、转型经济体等特殊情境下创业活动的新现象。跨国创业研究是创业管理领域近年来兴起的一个研究方向，其特点是企业或个人从自己长期经营和工作的国家到不熟悉的国家经营或创业（王辉耀和路江涌，2012b）。跨国创业分为国际投资创业（International Entrepreneurship）、多国创业（Transnational Entrepreneurship）、族群创业（Ethnic Entrepreneurship）、移民创业（Immigrant Entrepreneurship）、侨民创业（Diasporas Entrepreneurship）、海归创业（Returnee Entrepreneurship）等。其中，海归创业是指海归人才从长期生活或工作的发达国家向母国回流并创建新企业的行为（王辉耀和路江涌，2012a），它是中国、印度等发展中国家特有的现象，正在受到越来越多的关注。同时，学者力图打破从任何一个单独的视角对跨国创业现象进行研究的片面性，开始从社会网络（Coviello，2006）、资源（Zahra et al.，2003）和学习（Johanson and Vahlne，2003）等多个方面来拓展跨国创业理论，为跨国创业的研究注入了全新的内容。

2．中国情境下的创业研究受到学界广泛关注

近年来，创业研究越来越强调情境因素在创业过程中的作用（Autio et al.，2014）。他们试图将创业者的行为置于其所处的情境中来理解（Welter，2011），并构建了一个包含情境因素、微观基础以及创业活动的框架（Zahra and Wright，2011）。其中，基于中国情境的研究正在受到国际主流期刊的持续关注。中国情境下，制度转型、市场环境以及文化传统等与西方发达经济体存在较大的差异，这些因素的相互作用和相互影响催生了一些独特的现象，例如，技术和市场更迭速度快、政策环境缺乏持续性和稳定性、存在大量的制度漏洞、存在丰富的机会窗口、政府对稀缺资源的干预程度高、管理方式落后、恶性竞争现象严重、国有企业与民营企业享受政策待遇不均衡等。这些现象深刻地影响着中国创业者和创业企业的创业活动和创

业行为（蔡莉和单标安，2013；张玉利等，2012）。有学者指出，在开始通过探索性研究去构建具有中国特色的管理理论之前，必须做好情境理论化的工作，打开"情境效应"的黑箱（蓝海林等，2012），包括什么是情境，其结构与维度如何？中国情境的独特性何在？这些独特性是否能得到理论化解释和实证支持？这些独特性对中国企业的管理行为和实践具有怎样的影响？本书认为，海归创业是一个极具中国特色的问题，在东西方两种创业情境的双重作用下，其创业行为、过程要素及其与创业情境之间的关系呈现出一定的特殊性，值得进一步深入思考，也提供了一把打开中国情境下创业问题研究的钥匙。

第二节 研究问题与研究意义

1. 研究问题的提出

目前，无论在实践、政策领域还是理论研究领域，海归创业问题都受到越来越多的关注，成为热点问题。但总体上说，关于海归创业的研究仍属于一个比较新的研究领域，相关的文献数量还十分有限，存在巨大的理论缺口。并且，现有的研究大多数聚焦在宏观层面，关注海归创业的历史发展过程、海归群体的人力资本流动以及海归创业对宏观经济发展的知识溢出作用等（胡洪浩，2014）。微观层面的研究也大多关注海归本身的优势。事实上，这些研究远远不能体现海归创业的特质。海归创业作为跨国创业的一个独特现象，受到东西方二元情境的影响，其创业行为和过程要素均体现出一定的特殊性。正如王辉耀和路江涌（2012b）指出的"海归创业者的一个重要特点在于他们所具有的'两重性'：他们一方面从发达国家掌握了先进的科学技术，但同时又缺失对中国快速发展和变化的进一步了解；另一方面他们学习了海外先进的商业模式和制度文化，但同时又面临难以适应中国本土情境的障碍；他们既接受了西方文化的熏陶，同时也受到中国传统价值观的影响；他们一方面拥有海外社会网络的丰富资源，另一方面又受到有限的国内社会网络的制约。"因此，本书试图构建一个包含创业情境和创业行为要素的框架，聚焦于海归在缺乏本土知识、难以适应本土情境等方面的劣势和障碍下，对社会网络构建、创业学习和创业资源获取等行为的影响，并利用生态思维解释海归创业企业如何通过与本土生态的互动提高创业和创新绩效。具体而言，将关注以下几个研究问题：

第一，海归创业企业的绩效与本土创业企业相比是否更优？

第二，哪些因素会影响海归创业企业的行为和绩效？

第三，如何提升海归创业企业的绩效？

2. 研究意义

近年来，中央及各级政府先后在人才引进、创新激励、研发补贴、税收、资本等方面给予海归创业者大量的政策优惠和扶持。然而，这些政策是否已初具成效？哪些方面仍需要改进？海归在实际创业过程中面临哪些障碍？其结果尚未得而知。本书的研究结果将为海归创业者和创业团队的实践以及未来政策的制定提供更加网络化和系统化的思考。同时，在理论方面，本书旨在从以下三个方面完善现有海归创业研究的不足：

第一，从研究内容上，本书将突破现有研究中只关注海归创业的优势这一局限性，从海归创业的劣势这一切入点着手，聚焦于"海归创业企业如何适应本土情境"的问题，遵循"是什么""为什么""怎么做"这一思考链条，从社会网络、创业学习、资源获取、创新能力等方面帮助海归企业思考如何与本土生态进行互动，从而拓宽了海归创业研究的维度。

第二，从研究视角上，本书在已有理论研究基础之上引入"创新生态系统"这一概念，旨在打破传统的研究大多从单个企业出发的弊端，通过生态情境、生态资源和生态租三个维度揭示海归创业企业在创新生态系统战略下运作的新逻辑，描述了海归企业融入本土生态、获得所需资源、实现价值创造这一动态过程，从而使创业情境这一构念更加具象化和结构化。

第三，从研究方法上，本书采用定性与定量相结合的方法，利用中关村的统计面板数据研究海归与本土创业企业的绩效差异，利用多案例比较分析探索影响创业绩效的因素，并进一步通过问卷调查法分析这些因素如何影响创业绩效。多样化的研究方法弥补现有研究主要使用单一研究方法的不足，使研究结论更具说服力。

第三节　研究方法与技术路线

1. 研究方法

本书采用多元化的研究方法，兼用定性分析与定量分析对所提出的问题进行研究，以增强研究结果的稳健性，并按照"What—Why—How"的逻辑顺序对研究问题进行理论阐述和实证检验。其中，规范分析用于回答"应该是什么"的问题，为提出研究问题奠定理论基础；案例研究和实证分析用于解决"是什么""为什么""怎么做"的问题，为进一步剖析和验证理论的假设提供现实依据。

（1）**规范分析**。本书对国内外多个学术论文数据库及权威的管理学期刊进行了长期的跟踪检索，在查阅海归创业、创新生态系统、创业情境、社会网络、资源获取、创业学习等相关文献和专著的基础上，了解最新的研究动态，发现和总结前人研究的不足，最终提出了本书的分析视角和主要研究框架。

（2）**文献计量法**。在进行规范分析的过程中，本书还结合定量的文献计量方法，利用社会网络这一工具将文献之间的关系进行测度和可视化。本书使用 Citespace 软件检索文献的关键词，并基于关键词出现的频次和共现次数得到共现矩阵，进而利用 Ucinet 社会网络分析软件绘制关键词关系链接网络，从而更直观地呈现出现有研究的热点和趋势，辅助研究者提出研究问题。

（3）配对样本均值差异t检验。利用配对样本t检验，将样本分为海归企业和本土企业两组，对两组的创业者和企业特征进行对比描述，验证两组变量的均值是否存在显著差异，从而判断海归与本土创业企业的绩效是否显著不同。在配对之后再次进行配对样本t检验，从而检验匹配结果是否较好。

（4）PSM配对分析。为降低抽样偏误，本书将首先使用倾向评分匹配（PSM）法将特征相似的海归企业和本土企业进行配对，即构建一个与处理组在除法人代表"是否是海归"这一特征以外的其他主要特征尽可能相似的对照组，进而确定海归与创业绩效之间的因果关系。

（5）回归分析。在建立面板数据的基础上，本书采用GLS估计的个体随机效应回归模型和OLS估计的混合效应回归模型实证检验海归对创业绩效的影响及知识资本的调节作用。针对"企业在下一年度是否存活"这一被解释变量，本书采用Logit二元离散选择模型进行回归，并采用Probit随机效应模型进行验证。

（6）多案例比较分析。本书选择有代表性的海归创业案例进行分析，并借助编码技术提出探索性的理论框架。为了增加案例研究的可靠性和有效性，本书还增加了对本土创业者、风投、孵化器和协会的访谈以实现案例证据的相互印证，避免同源性的误差。

（7）问卷调查与结构方程分析。在总结前人研究和征求专家意见的基础上，形成最终的测量维度和研究量表，展开大规模调研，并采用结构方程这一多元数据分析工具来衡量潜变量之间的关系，统计软件包括SPSS和AMOS软件。

2．技术路线

本书的技术路线如图1-4所示。

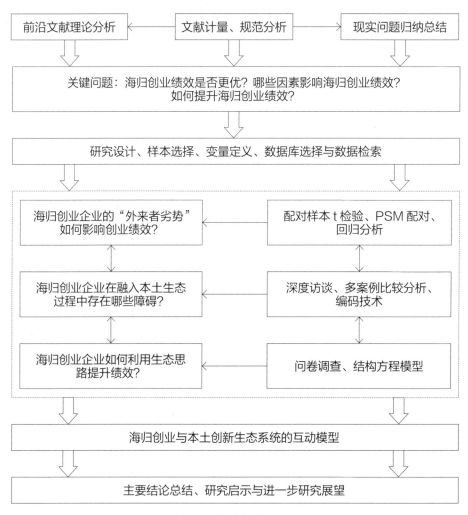

图 1-4　本书的技术路线

第四节　章节安排

本书共分为七章，研究内容的章节安排和逻辑结构如图 1-5 所示。

第一章为绪论。主要阐述现实背景和理论背景，提出研究问题，建立研究框架，明确研究意义，并在此基础上介绍了文章的研究方法、技术路线图、章节安排和主要研究内容。

第二章为文献综述与理论基础。在梳理和总结国内外关于海归创业和创新生态系统的研究现状的基础上，对前人研究进行了评述，明确了现有研究的不足和未来的进展，接着对本书涉及的组织生态理论、资源依赖理论和关系资本理论进行了概述，厘清了本书与现有理论的继承和发展关系，从而为后续研究提供理论基础。

第三章为海归与本土创业企业绩效比较。旨在验证海归作为企业的创始人对创业绩效的影响，在介绍了变量测度方法、数据检索与清洗过程的基础上，利用配对样本 t 检验、PSM 配对和面板回归分析进行实证检验。

第四章为探索性案例研究——海归创业行为的情境化分析。通过深度访谈和多案例比较分析，探索海归创业企业在融入本土生态过程中的障碍和情境化因素，及其对创业行为的影响。

第五章为创新生态视角下海归创业的战略逻辑。在前人研究的基础上，归纳了创新生态的基本内涵和创新生态视角下企业战略决策的逻辑，最后归纳出一个包含生态情境、生态资源、生态租金等维度的海归创业与创新生态互动模型，并提出本书的假设。

第六章为海归创业企业融入本土生态的路径分析。通过问卷调查和结构方程模型分析，在实证检验结果的基础上，探讨海归创业企业如何通过构建本土创业网络、深化创业学习以获得本土创业资源进而提高创新绩效。

第七章为结论与展望。总结了本书的主要研究结论，阐述了可能的理论贡献和创新点，提出了得到的管理启示与政策建议，并指出了本书的局限性和未来的研究展望。

图1-5　本书的章节安排

第二章

文献综述与理论基础

第一节 创业相关研究

1. 创业研究的理论视角

"创业"一词最早可追溯到15世纪，那时世界经济从手工作坊向工场手工业转型，工商业得到初步发展，西方社会正处于资本主义萌芽时期。英国等一些西欧岛国受本国地域限制不得不开辟新航路，通过远洋贸易和向海外大规模殖民扩张的形式促进本国经济的进一步发展。从事远洋贸易、创建远洋贸易企业需要巨额资本，也需要冒很大的风险，于是以入股合营方式设立的真正意义上的企业制度应运而生，并借用"Venture"一词（原意为"冒险、风险、投机"）来表示"创业"。此后，"Venture"一词在各种有关创业活动的英文原著中被广泛讨论（丁岳枫，2006；Deakins and Freel，2009）。直至17世纪，法国经济学家Cantillon（1755）进一步提出"Entrepreneurship"一词（周冬梅，2011）。随后，学者使用"Venture"与"Entrepreneurship"共同表示创业活动。

虽然创业的概念由来已久，但由于学者在研究范式、角度和方法等方面的差异，至今尚未达成共识。总体而言，目前关于创业的研究主要包括以下几种视角：

（1）**心理视角**。早期的创业研究主要关注创业主体，即创业者的行为，试图识别创业者所具备的，区别于非创业者的，导致其选择创业或获取成功的关键心理特征，包括Sexton和Bowman（1985）等的特质研究、Baron（2008）等的情感研究、Ward（2004）等的认知研究，以及Shane等（2003）的动机研究等。例如，Shaver和Scott（1991）就识别了可能影响创业活动的个人特质，描述了构建外部环境的过程中包含的社会认知过程以及影响行为选择的动机变量。

（2）**机会视角**。创业的机会视角关注创业的本质过程（Venkataramna，1997），认为"什么是创业机会"而非"谁是创业者"应该被视为创业研究的核心问题（Sinhg，2001）。它将创业视为一个对机会进行识别、开发和利用的过程（Shane and Venkataraman，2000）。创业机会可以是对现有产品或服务进行改进，也可以是向市场提供具有创新性的新产品或服务，或在非饱和市场上对提供可行的、有盈利能力的产品或服务的企业进行模仿，包括机会的存在、机会的识别和利用、开发决策和开发模式等问题（Shane and Venkataraman，2000；Keh et al.，2002）。

（3）**资源视角**。创业的资源视角以资源作为分析焦点，强调创业是一个探索、获取、组合和利用创业成功所需要的各类关键资源从而达成创业目标的过程（Foss et al.，2007）。这些关键创业资源包括社会关系网络资本、人力资本和金融资本等（Davila et al.，2003；Ulhoi and Bollingtoft，2005）。对资源可获取性的预期、对资源价值的预期以及开发并转化这些资源的能力是影响创业决策和创业绩效的关键要素（Lichtenstein and Brush，2001）。

（4）**管理视角**。创业的管理视角将探索各类有利于创业成功的创业管理手段作为研究的主要线索和焦点，它强调机遇对大多数人来说是平等的，因此创业成功依靠的不是天赋，而是对组织的有效管理，从而能够打破当前资源条件的限制，有效地捕捉和利用机会，最终创造财富（Drucker，1985）。例如，Stevenson 和 Jarillo（1994）从机会识别和控制、资源获取、战略导向、薪酬制度和管理结构等六个方面总结了创业管理的基本方法。

（5）**创新视角**。Schumpter 的早期研究主要从企业家的角度展开，认为创新就是对特定问题持新思路的个体企业家和社会惯性之间在一定历史时期持续斗争的结果，他将一切对"现有资源的重新组合"的活动定义为企业家职能（Schumpter，1934）。Leibenstein（1968）在随后的研究中十分推崇熊彼特式创业，他认为传统竞争模型中忽略了企业家的重要作用，熊彼特式创业所处的市场通常还没有被良好地建立或清晰地定义，因此企业家成功的关键在于填充这些市场缺陷（Leibenstein，1968）。还有学者认为，创业活动的产生源于新知识的投资（Acs et al.，2009）创业活动不仅仅涉及发现机会，还包括对溢出知识的利用。

（6）**学习视角**。创业的学习视角将创业视为一个不断学习的过程，即创业者获取、积累、创造知识的过程（Hamilton，2011）。许多学者从知识获取途径的角度来理解创业学习，主要包括两种学习方式：一种是从认知学习的角度，关注获取及转化经验和信息的重要作用（Corbett，2007；Holcomb et al.，2009）；另一种是从社会学习和社会建构的角度，强调创业者从广泛的社会经历和社会互动中获取知识，这些研究都将获取创业知识作为创业学习的结果（Politis，2005）。

2．创业研究的理论模型

关于具体的创业过程存在以下几种经典模型：

（1）Timmons（1985）的机会—资源—创业团队模型。Timmons（1985）在 New Venture Creation 中指出，机会、资源和创业团队是创业的核心因素。影响创业成功的首要因素是创业机会的发掘；资源是创业机会实现的条件，创业企业应该以巧妙的创意和谨慎的战略来合理利用和控制资源；创业团队是实现创业机会和资源整合的主体，市场的不确定性、机会的模糊性以及外在环境的变迁等使整个创业过程充斥着各种各样的风险，因此创业者及创业团队的沟通、创造和领导能力等都是影响创业企业绩效的关键因素。如图 2-1 所示，基于这一框架，Timmons（1985）将创业视为一个高度动态的过程，创业者和创业团队的任务就是反复挖掘不同时期的创业机会，合理运用资源，保持机会、资源、团队三者之间的动态平衡关系，方能保证创业企业稳健良性地成长。

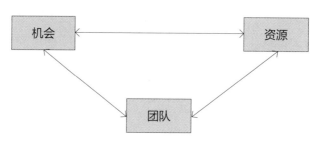

图 2-1　Timmons（1985）的创业框架

（2）Gartner（1985）的个人—组织—环境—创业过程模型。Gartner（1985）在 A Conceptual Framework for Describing the Phenomenon of New Venture Creation 一文中，将组织视为创业的核心，认为创业的过程实际上是一个创建新组织或新企业的过程。与之前的创业研究中普遍采用的单一维度的方法不同的是（见图 2-2），Gartner（1985）提出了一个包含四个维度的综合理论模型，包括创业过程、个人、组织和环境。个人是指创建新企业的个体，个人成就感、内外控倾向、风险承担偏好、工作经历、年龄、教育背景等是描述创业者特质的重要方面；组织是指被创建的新企业，组织创建受企业类型、合作伙伴和战略选择等重要因素的影响；环境是指围绕在新组织周围并影响其发展的情境因素，包括风险投资的可获性、高技能劳动力、政府影响、大学的临近性、土地或基础设施的可获性、产业基础等；创业过程是指创业者创建新企业所实施的活动，包括锁定商业机会、积累资源、生产产品或服务、营销、建立组织、对社会和政府作出响应等。

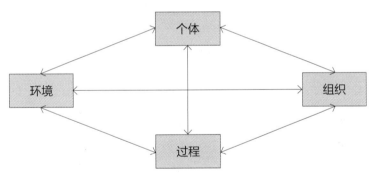

图 2-2　Gartner（1985）的创业框架

（3）Sahlman（1996）的资源—机会—交易—环境模型。Sahlman（1996）认为，在创业过程中包含四个动态要素，即人、机会、外部环境和交易（见图 2-3）。人是指那些为创业企业提供资源或服务的个体或群体，包括供应商、资本提供者、员工、管理者、会计和律师等。机会是指任何需要投入稀缺资源并期望未来能够获得回报的活动。环境是指不受管理的直接控制，但对机会的产出具有重要影响的因素。交易是指组织和资源提供者之间的明确和不明确的契约关系。机会、资源和交易行为三个创业因素都主要来源于环境，并反过来影响环境，环境的变化使机会和收益面临风险，因此，创业的基础在于整合和匹配，即通过四个核心要素的相互促进和相互协调共同影响创业的潜在绩效。

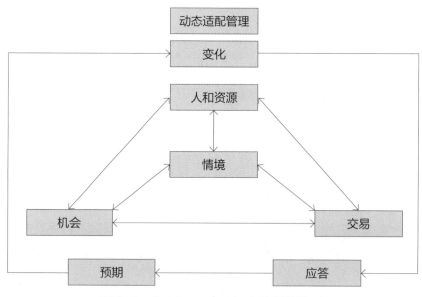

图 2-3　Sahlman（1996）的创业模型

（4）Bruyat 和 Julien（2001）的创业者—新价值创造—环境模型。Bruyat 和 Julien（2001）在前人研究的基础上，提出了一个包含创业者和新价值创造的模型。如图 2-4 所示，他认为创业管理的主体是创业者，客体是新价值创造，焦点在于两者之间的互动，包括创建新企业、创业过程管理、外部网络等方面。这一互动过程根植于某一特定的环境，并在动态的内外部变革中发生，是易变的、异质的、动态的、复杂的，也是难以预测的。他们归纳了四种互动形式，包括复制型创业、模仿型创业、稳定型创业和风险型创业。其中，风险型创业往往会创造巨大的新价值，并通过创新或新产业的出现导致环境的突破性变革。这一模型强调创业者、项目和环境之间随着时间发展而不断演化的联系，认为创业者不是一个简单、盲目的机器以自动地应对环境的变化，而是一个能够创造、学习和影响环境的个体。

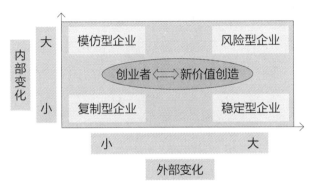

图2-4　Bruyat和Julien（2001）的创业模型

（5）Wickham（2006）的创业者—组织—资源—机会—学习模型。

Wickham（2006）在 Strategic Entrepreneurship 上提出了以学习过程为基础，包含创业者、组织、资源和机会四个要素的创业模型。如图 2-5 所示，在创业过程中，机会的开发利用依赖于人力、技术、资本等各项资源的集中，这些资源整合起来形成了组织，组织中的文化、结构、资产和规则等相互作用，形成一个有机的整体，以此来适应机会的变化。在创业活动中，创业者的职责在于有效地确认潜在的创业机会、领导创业组织和管理创业资源，并努力实现这些要素之间的动态协调匹配。这个过程依赖于创业者和创业组织的学习能力，决定了创业最终的产出和成败。

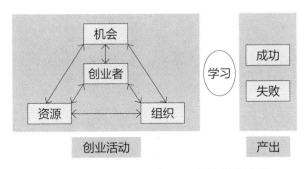

图2-5　Wickham（2006）的创业模型

3. 创业研究文献计量分析

文献计量法可以运用数学方法对研究领域的各个方面和整体进行定量化

研究，从而揭示其发展规律。具体而言，本书基于关键词共现分析，采用 Citespace 分析软件，进行创业理论研究的可视化分析，绘制学科知识图谱，清晰直观地解读创业研究领域的理论进展、知识结构和研究趋势。

本书采用 Web of Science 数据库，围绕创业管理的研究主题，限定"主题 =entrepreneurship""文献类型 =Article""类别 =Business/Management""时间跨度 =2000~2016 年""数据库 =SCI/SSCI"，对创业研究国际一流期刊的英文文献进行检索，检索时间为 2016 年 9 月 1 日，共计检索到 2188 篇，并根据 citespace 要求，导出全部文献及其关键词，以作为本书研究的数据池。以关键词的共现矩阵为基础，以"阈值≥ 5"为筛选标准去除关联性较弱的关键词，最终得到知识图谱的聚类特征如图 2-6 所示。其中，方框的大小代表该关键词出现的频次，该关键词出现的频次越高，方框越大，表明该主题为研究热点。由图 2-6 可知，目前关于创业的研究主要聚焦于彼此高度聚合的三个关键聚类：

第一类以"entrepreneur"为核心得到高频关键词 29 个，包含创业者的"性格""创造力""心理""自我效能""领导力""认知""学习""动机""经验""实践""因果逻辑"等内在特征，"性别""移民""海归"等外在属性，以及"信任""社会资本"等人际关系属性。

第二类以"institution"为核心得到高频关键词 22 个，强调创业与外部"情境""制度""文化""网络""政策""区域""集群""社群和生态""非正式经济""社会建构"的互动，从而实现"溢出""合法性""嵌入性""本土化""全球化""经济增长"。

第三类以"new venture"为核心得到高频关键词 46 个，包含了"规模""产权""年龄""高技术""生物科技""纳米科技"等企业基本属性，"人力资本""知识""技术""风险投资""知识产权"等资源要素，以及通过"进入""退出""合作""联盟""关系""异质性""多样化""内部创业""探索与开发"等企业战略和治理行为，克服"失败""障碍"，实现"创新""商业化""演化""价值创造""动态能力""竞争力""可持续性"等企业绩效的提升。

总体而言，目前关于创业的研究呈现出以下几个趋势：

（1）**强调与环境之间的立体式互动**。环境是企业生存和发展的土壤。现有的研究强调了创业活动的社会嵌入性本质以及由此导致的创业者得以依存的商业、文化和社会环境的重要性（Roper，2012）。有的学者试图采用总括性情境的研究视角解释情境元素与创业决策和创业行为之间的立体、动态和非线性的复杂作用关系。还有的学者聚焦于特定区域或全球化背景下创业情境对创业活动发生和发展的影响规律（Tracey et al.，2011）。由此，依托于本土化或全球化的移民创业和海归创业等特殊群体的研究日益受到关注。

（2）**强调组织之间的合作与生态化构建**。目前的创业研究试图突破个体或单个组织的边界，强调创业者之间社会资本和信任的重要作用，以及组织之间的合作与关系网络的构建。研究表明，关系网络作为重要的非正式机制，是对正式制度的重要补充（Sun et al.，2010），也是在动态变化的环境中获取互补性资源和克服初创企业合法性缺陷的重要手段（Sheng et al.，2011）。这需要创业企业基于生态化思维，与合作伙伴之间建立目标一致、知识共享、互利共生的关系共同体。

（3）**强调创业行为的多维性和创业绩效的可持续性**（见图2-6）。目前的创业研究越来越重视通过整合资源依赖理论、组织学习理论、社会资本理论等理论基础，从多维度阐释创业活动和创业行为，从而建立一个系统、全面的整合框架（林嵩，2012）。同时，强调创业企业的战略行为对创业绩效的影响，基于此，对于创业绩效的测度也突破了使用单一的短期财务指标的局限性，而强调创业活动和创业结果的创新性、价值性以及对创业企业的能力提升和成长性的重要作用（见表2-1）。

表2-1　2000~2016年国际一流期刊上创业相关研究的数量

期刊名称	JCR 分区	论文数量（篇）
Entrepreneurship Theory and Practice	Q1	249
Academy of Management Journal	Q1	51
Academy of Management Review	Q1	30
Entrepreneurship and Regional Development	Q2	219
International Business Review	Q2	73

期刊名称	JCR 分区	论文数量（篇）
Journal of Management	Q1	52
Strategic Entrepreneurship Journal	Q2	112
Strategic Management Journal	Q1	78
Journal of Business Venturing	Q1	359
Organization Science	Q1	69
International Small Business Journal	Q2	170
Small Business Economics	Q2	458
Journal of International Business Studies	Q1	47
Entrepreneurship Research Journal	Q4	62
International Entrepreneurship and Management Journal	Q4	159

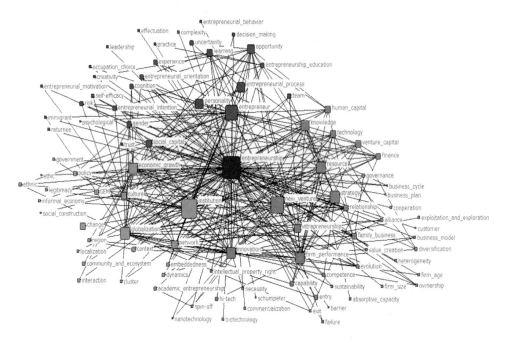

图 2-6　创业研究关键词分析

1．中国情境下的创业研究

创业具有高度的情境依赖性（赵丽缦等，2014）。情境因素直接影响创业者的认知、动机和态度，进而作用于创业活动、创业过程以及资源的配置和创业能力的积累（Zahra and Wright，2011；Bjørnskov and Foss，2013）。近年来，关于创业的研究一方面注重对西方成熟市场条件下的理论思考，另一方面也开始重视对新兴经济体市场下创业情境的特殊性的挖掘，尤其是中国作为全球最大的新兴经济体，正在受到国际主流期刊的持续关注（张玉利等，2014）。许多研究表明，中国创业情境的独特性主要体现在制度转型和社会结构等多个方面（张玉利等，2012）。中国正处于由计划经济向市场经济转型的过渡时期，在这样的背景下，创业者要面临可能存在的不良竞争行为、资源约束、知识产权问题、合法性困境和其他源于制度转型的不确定性和额外风险。同时，受中国文化环境的影响，中国企业的商业活动呈现出高权力距离和关系利用倾向性特征。因此，创业者在与情境因素进行博弈和互动时可能遇到一些现有理论无法解释和预测的问题（蔡莉和单标安，2013）。例如，有学者的研究表明，在中国情境下的关系网络，尤其是政治关系网络是创业活动不可或缺的关键要素，能够帮助新企业获得关键资源信息和政府政策扶持，减少由于正式制度不完善带来的劣势和挑战（Zhang and Wong，2008；Sun et al.，2010）。尹苗苗等（2015）的研究则认为，我国正处于制度与市场双重转型阶段，独特的情境导致创业活动呈现出较强的创业导向，同时又具有明显的机会导向，通过对263家创业企业的实证研究结果表明，无论它们是在创建期还是成长期，创业导向都有利于提升创业绩效，但两种导向的交互作用只有在创建期才对创业绩效具有积极影响，在成长阶段对创业绩效的影响是负向的，这表明创业企业在成长阶段应该更多地关注创新和领先开发市场，减少对山寨、模仿和市场投机行为的依赖。单标安（2013）则基于对中国情境的特征的分析，构建了创业网络对创业学习过程的影响模型，分析了个体关系、政治关系和商业关系等不同类型的创业网络对经验学习、认知学习和实践学习的影响。研究结论表明中国情境下的创业环境极为复杂，创业者通过自身经验的积累、观察他人、亲身实践等方式进行持续的学习是在高度不确定的环境中与外部企业进行竞争、把握创业机会和获取有效资源的必然选择。还有学者从合法性角度研究了中国情境下创业者技能、创业导向以及政治关系对于合法性获取的影响，认为与成熟经济体相比，我国创业企业合法性水平普遍较低，在获取合法性过程中也面临更多的障碍，同时非正式关系的作用也更为明显（杜运周等，2008）。尽管不同学者从不同角度对中国情境下的创业问题进行了探索性的研究，但正如张玉利等（2014）指出的那样，目前对于中国情境下的创业问题的探讨大多还停留在对西方理论的再演绎和适用性研究，缺乏针对中国特色的管理或组织行为的可用知识，而海归创业研究是跨国创业研究的一个重要领域（Drori et al.，2009），受到东西方两种情境的影响，是一种极具中国特色的现象。下文将对目前海归创业问题的研究现状进行综述。

2．海归创业的研究进展

为了追溯海归创业研究的进展，笔者以"Returnee""Entrepreneur""Entrepreneurship"为关键词，在 SCI/SSCI 数据库中，检索 2001～2016 年有关海归创业研究的文献①，共得到文献 59 篇（见图 2-7）。总体来看，目前关于海归创业的研究还十分有限，现有的研究主要包括三个视角（见表 2-2）。

---

① 检索时间为 2016 年 6 月 30 日。

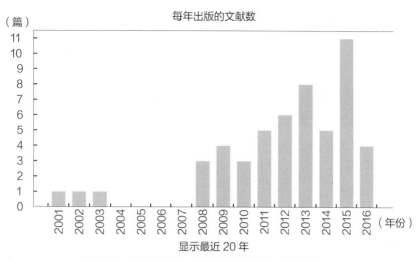

图 2-7　近 20 年来关于海归创业的文献数量

表 2-2　海归创业研究的进展和主要视角

研究视角	主要研究问题	代表研究与学者
宏观视角	从历史演进和人力资本要素流动的视角探讨海归创业的形成、演进和发展过程	Saxenian（2007）；冉红霞（2008）；Kenney 等（2013）；Wang 等（2011）；Filatotchev 等（2009）；Liu 等（2010）；Filatotchev 等（2011）
个体视角	分析海归创业者的行为特征和个人属性，例如性别、个性、教育和家庭背景等，及其如何影响创业者的创业决策和结果	Harvey（2009）；Vanhonacker 等（2006）；苗琦 等（2015）；Lin 等（2015）；Liu 和 Almor（2014）；Alon 等（2011）；王辉耀和路江涌（2012）；曲力秋（2000）；Cerase（2008）
组织视角	从创业企业本身分析海归企业的战略、结构、与创业环境的互动和组织绩效	Wright（2008）；薛晓辉和麦晴风（2002）；Dai 和 Liu（2009）；刘青 等（2013）；Alon 等，2011；崔小青（2014）；Li 等（2012）；Roper（2012）

（1）**宏观视角**。对海归创业宏观视角的研究起步较早，成果也较丰富，主要从历史演进和人力资本要素流动的视角探讨海归创业的形成、演进和发展过程（胡洪浩，2014）。Saxenian（2006）指出，在全球范围内，"海归潮"是"移民潮"后的新一轮跨国人力资本流动形式，通过对硅谷亚裔回国创业的研究，他进一步提出了人才循环（Brain Circulation）的概念，强调人才流动的双向性。还有学者强调海归创业企业对于母国经济和高技术产业的

发展和创新能力的知识溢出作用（冉红霞，2008）。例如，通过中国、印度和中国台湾的证据显示，Kenney 等（2013）发现海归在这些国家和地区 ICT 产业的初期形成阶段的作用不明显，但是在本土创业者和政策制定者已经为产业奠定了一定基础之后的第二发展阶段中发挥了重要的作用。Wang 等（2011）表明海外留学生对于中国的"走出去"战略发挥了至关重要的作用。Filatotchev 等（2009）也认为，出口导向和绩效与海归创业者之间存在显著的正相关关系。Liu 等（2010）和 Filatotchev 等（2011）进一步发现海归创业者对于其他本土高技术企业的创新具有显著的知识溢出效应。

（2）**个体视角**。从微观层面，分析海归创业者的行为特征和个人属性，例如性别、个性、教育和家庭背景等，以及这些属性如何影响创业者的创业决策和结果（Alon et al.，2011）。例如，Harvey（2009）和 Vanhonacker 等（2006）研究了哪一类移民更可能返回母国或者已经回到母国，以及其中的原因。薛晓辉和麦晴风（2002）、苗琦等（2015）的研究发现，海归创业主要聚焦在高技术产业领域，且平均受教育程度更高，他们不仅有更强烈的创业意向，创业绩效也普遍较高。Lin 等（2015）分析了在制度变革过程中海归和本土创业者在平衡正式和非正式治理方面的差异。通过对中国海归和本土创业者案例的对比，Liu 和 Almor（2014）探究了在跨组织的情境下文化如何影响创业者应对不确定性的方式。Alon 等（2011）关注中国的女性创业者，并识别出海归和本土两组创业者创业发展的主要模式以及影响其职业路径和成功的因素。国内学者王辉耀和路江涌（2012）提出了海归创业动态模型，描述了内外部因素如何影响"未归""海待""海归"的创业过程。还有学者研究了海归创业的动机，并认为那些在海外获取新技术核心资源后回到母国，以实现更高层次的个人梦想和抱负为创业动机的海归更可能成为创新和变革的"航母"（曲力秋，2000）。

（3）**组织视角**。海归创业的组织视角强调从创业企业的本身来分析海归企业的战略、结构和海归创业的组织绩效，包括海归创业企业与创业环境的互动、海归创业企业的资源获取、创业学习和商业模式的选择等。例如，Wright（2008）基于资产互补性理论，研究了创业园区选址对海归创业绩效与成长的影响。薛晓辉和麦晴风（2002）研究了加工出口型、跨国贸易型、资源合作型和技术驱动型四类海归创业模式。还有学者从知识基础观和社会网络等视角分析了海归创业企业财务和创新绩效的影响因素及其与本土企业绩效的差异。例如，Dai 和 Liu（2009）通过对中关村科技园的样本的实证研究发现，中小型海归创业企业凭借在技术、商业知识以及国际化创业导向等方面的优势，其创业绩效要优于本土企业的绩效；刘青等（2013）则发现国际视野和企业内部经营管理能力是海归优势的重要来源，民营企业主的留学经历或海外进修经历对企业业绩有显著的正向影响。此外，许多学者的研究得出了相反的结论，他们认为创业企业的成功在很大程度上取决于其所处的制度、政策及社会情境的规制（Alon et al.，2011；Roper，2012；崔小青，2014），因此，在社会网络和知识方面的"外来者劣势"的作用下，海归创业企业的运作绩效往往落后于本土创业企业（Li et al.，2012）。

第三节　创新生态系统相关研究

1．创新生态系统的概念与特征

（1）创新生态系统的概念。"生态系统"最早于 1935 年由英国生态学家 Tansley 提出。他指出生态系统是一个由生物体和环境构成的开放的有机整体，生物与非生物之间通过持续的能量转化和物质循环相互联系（Tansley，1935）。20 世纪 70 年代以来，一些学者开始尝试将生态的概念应用到经济管理领域的研究中，例如运用生态位的概念分析组织与环境的关系及技术的发展与演化等问题（Hannan and Freeman，1977；Stuart，1995）。1993 年，Moore 进一步将企业竞争类比为生物系统，认为企业是跨越多个产业的商业生态系统的一部分，它们围绕一项创新共同进化它们的能力，通过竞争与合作创造新的产品，满足客户需求，最终融入到新一轮创新浪潮中（Moore，

1993）。随后，Iansiti 和 Levin（2004a）指出，生态这一概念正日益成为现代商业的核心，并提出一个分析商业网络战略制定和健康状况的框架。在此基础上，Adner（2006）将生态理论扩展到创新管理研究领域，并引起学者和企业界的广泛讨论。目前关于创新生态系统的概念尚缺乏统一的界定（见表 2-3），它以过去的价值链、创新网络、产业集群、创新系统、产学研合作、平台管理、开放式创新、商业生态系统、多元化战略等多个较为成熟的概念为基础，同时又赋予这些概念以新的研究范围和生态化的解释。表 2-4 列出了创新生态系统概念与其他相关概念的联系与区别。

表 2-3　国内外学者对创新生态系统的概念界定

作者	概念界定
Iansiti 和 Levien（2004a）	生态是由供应商、分销商和外包商、相关产品和服务的制造者、相关技术的提供者及其他对企业所提供产品的创造和传递产生影响或被其影响的组织所构成的松散网络
Adner（2006）	创新生态系统是企业借以整合它们各自的投入和创新成果从而产生共同一致、面向客户的解决方案的协同机制
Luoma-Aho 和 Halone（2010）	创新生态系统是一个在生态环境中起互动和交流作用的长久性或临时性系统，在这个生态环境中存在着各种各样的创新主体，它们能在这个环境中相互传授思想，推动创新发展
Autio 和 Thomas（2013）	创新生态系统是由一个与核心企业或平台相关的，包含了供需两端的参与者，并通过创新来创造和利用新价值的相互联系的组织构成的网络
Wang（2009）和 Jackson（2011）	在创新生态系统中，由人和组织构成的不同的群落相互作用从而共同参与创新网络的生产和使用，它刻画了以促进技术发展和创新为功能目标的行为主体或实体之间形成的复杂关系的经济动态性
Zahra 和 Nambisan（2011）	创新生态系统是一个松散互联的企业网络，企业围绕着创新或创新平台协同发展，并为实现整体效益和生存而相互依赖
李万等（2014）	创新生态系统是指一个区间内各种创新群落之间及与创新环境之间，通过物质流、能量流、信息流的联结传导，形成共生竞合、动态演化的开放复杂系统
吴金希（2014）	创新生态体系是指多个创新主体之间，基于某些技术、人才、规则、文化、运作模式、市场等共同的创新要素而形成的，相互依赖、共生共赢，并且具有一定的稳定性、独立性的一种组织体系

作者	概念界定
杨荣（2014）	创新生态系统是一个由创新个体、创新组织和创新环境等要素组成的动态性开放系统。在系统中，各要素为了创新的总体目标而相互依赖，相互交流，协同演化和互动适应
梅亮等（2014）	创新生态系统是由企业、消费者和市场及所处自然、社会和经济环境构成的系统，其包含由供应商、分销商、外包企业、产品与服务制造商、技术提供者，其他组织等共同构成的松散网络
柳卸林等（2015）	创新生态系统是指在促进创新实现的环境下，创新主体基于共同愿景和目标，通过协同和整合生态中的创新资源，搭建通道和平台，共同构建以"共赢"为目的的创新网络
刘雪芹和张贵（2016）	创新生态系统是企业为了不断壮大自身、应对外部各种不确定性与挑战，以知识创造为核心，与利益相关的个体、组织、物种、种群、群落共同作用与影响，形成基于技术、制度演化的动态、共生、可持续发展的"生命"系统
孙冰等（2016）	创新生态系统是指在一定时间和空间内以制造业企业为核心、由创新相关主体组成，以协同创新为目的，以合作共生为基础，通过创新物质、能量和信息流动的方式，实现创新资源共享、优势互补、风险共担的相互依赖、相互作用的动态平衡系统

表2-4　创新生态系统及其与相关概念的联系和区别

相关概念	联系与区别
价值链	价值链与创新生态系统都以价值创造为目的。生态背景下价值创造主体包含了价值链以外的更广泛的组织，强调了价值的共同创造；其在价值创造和分配的过程增加了主体之间的横向联系，具有非线性、迭代的、非时序、动态的价值网络特性
创新网络	创新生态系统本质上是一种网络组织，是更广泛多样的网络形式的一种，具有层次化结构，其所处的外部环境也被视为由交易关系构成的网络，因此生态系统由许多子网络构成，同时又是更大范围的网络的一部分，但只有具有生态系统特征的网络才可称为生态系统
产业集群	集群强调地理的集聚性，而在生态系统中，地理位置不是最重要的决定因素；集群以产业和竞争力为分析基础，而生态系统超越了产业的界限，强调主体间的竞争与合作；集群中也存在产业层面的共享的价值主张，但集群内各主体往往追求各自的目标，相互依赖程度较低；集群侧重于生产方，而生态系统同时包含了生产方和需求方；产业集群可看作生态系统中的一个群落
创新系统	两者都体现了创新的系统特性，创新系统是静态概念，强调制度的作用和结构与功能的关系；创新生态系统具有动态性，重视市场机制及文化等非正式因素的重要性，强调结构—功能—过程，实际上是系统结构和环境动态关联的自组织演化的创新系统

相关概念	联系与区别
产学研合作	两者都体现了主体之间的合作与互动。创新生态系统更强调用户导向的创新的重要性，由"三螺旋"扩展为政府、企业、大学和科研机构、用户的"四螺旋"创新范式，强调创新主体的嵌入性和共生
平台管理	平台是创新生态系统内核心企业用于协调的重要手段，是生态系统架构创新的重要体现。一个成功的平台通常会有一个生态系统围绕在其周围，但生态系统不一定以一个平台为核心，其核心也可能包括一个单独的企业，许多企业或一个非营利组织等
开放式创新	两者都体现了创新边界的开放性及内外部资源的整合与共生发展。以企业行为与组织的开放式创新为核心内容的研究是微观创新生态系统的一个重要维度，主要聚焦于内外部共同知识、人才和能力在研发战略中的应用。在技术和知识密集型行业，实施开放创新战略是构建创新生态系统的重要方式
商业生态系统	创新生态系统包含研究、开发、应用三大群落，商业生态系统侧重于商业运作和商业战略，在以技术创新为主的企业，可以认为商业生态系统是创新生态系统的一个子系统，建立运良好的商业生态系统是实现新技术商业化推广的基础，在以商业模式创新为主要创新方式的案例中，两者是类似的概念
多元化战略	多元化战略是为了更多的占领和开拓新市场，避免单一化经验的风险而采取的多业务多产业的扩展战略，其核心本质是抓住机会分散风险，包括产品多元化、市场多元化、资本多元化等，而创新生态的核心本质是不同业务和成员之间的深层次连接

资料来源：陈健等（2016）。

（2）创新生态系统的特征。创新生态系统是一个动态的开放系统，是由多种不同主体相互交织形成的多维的、共同演进的复杂网络结构。李万等（2014）通过对近年来创新"3.0"范式演变的理论基础与实践探索进行梳理，阐释了创新生态系统的概念与特征，包括多样性共生、自组织演化和开放式协同三个特点。吴金希（2014）认为，创新生态系统除具备自然生态的共性特点之外，还具备一些特性，包括它反映了创新主体之间的接近和凝聚，代表了一种超越市场的合作关系，具有明显的网络效应和互补效益，存在路径依赖倾向等。杨毅和赵红（2003）将"共生"观点引入企业集群的研究，并对共生性企业集群的概念进行了界定，对构造的群组织结构及其相应的运行模式进行了探讨。在创新生态系统中，所有相关的生态成员作为创新生态的成员以复杂的方式相互合作，它们的行为促进了创新生态的绩效，同时也促进了自身的绩效。Iansiti 和 Levien（2004b）认为，平台是创新生态系统的一个重要特性。Li（2009）通过对思科公司的企业生态系统技术路径的研究也认为，创新生态系统超越了市场定位和产业结构，体现出三个主要特点：共生关系、平台以及共同进化。即企业从独自工作转向系统的和协同的合作；从产品竞争转向平台竞争；从个体的成长转向共同进化。Thomas 和 Aution（2014）提出了生态系统的三大特点，即价值逻辑、制度稳定性和参与者共生。蔡莉等（2016）则将生态的概念引入创业领域，并从更加宏观的角度归纳了生态的六个主要特征，包括多样性、网络性、共生性、竞争性、自我维持性及区域性等。

2. 创新生态系统的研究视角

（1）**经济学视角**。新古典经济学以静态均衡分析为核心，而演化经济学则注重对变化的研究，解释了事物随着时间的运动以及导致研究问题中的变量发生变化的随机因素，强调惯例、创新和对创新的模仿在经济演化中的作用。许多学者从演化的角度对技术发展进行分析，认为技术发展总是呈共生状态，单一技术的发展离不开技术生态系统，技术系统在演化过程中也受到技术生境的引导和调节，并提出基于组件、产品和应用、支撑和基础设施的多重技术演化生态模型。演化经济学的基本原理在创新生态系统中的运用则强调基于"有限理性"假设的共演关系。例如，演化经济学的动态性特征为研究创新生态系统的建立、发展及各阶段主体及环境之间的作用机制提供了参考；其对于惯例和路径依赖的强调揭示了制度及非制度因素对于创新变迁的影响；演化博弈模型等方法可以用来研究不同生态位企业在演化过程中的关系；而复杂行为人、心智重要和满意假设等基本假定对完全理性和最大化假设的否定，强调了人和组织行为的重要作用及情境因素对人和组织决策的影响，其将组织自身生存和发展权利依附于利益相关者群体的整体利益之下，从而有意识地与相关组织组成一个整体。

（2）**系统视角**。早期关于创新范式的研究强调单个企业的封闭式创新行为和企业家的作用，进而扩展到对创新中企业之间的交互作用和强调产学研协同合作的开放式创新的研究。许多学者开始摒弃简单、线性的分析方法，从更加系统、综合的角度来理解创新。创新系统强调了创新过程的系统特性，指出企业的创新并非孤立的行为，而是与其他组织合作并相互依赖，在一个给定的制度背景下以系统嵌入的方式参与互动学习。随后 Freeman（1989）和 Lundvall（2016）从国家创新系统的概念中将企业家、公司和资本等基本要素以及国家对于劳动力市场、要素市场、教育和其他政策的规制引入到框架中，强调基于产学研合作的"三螺旋"。在此基础上，创新生态系统概念的提出又赋予了创新系统理论新的内涵。一方面，创新生态系统具有更开放的边界，其创新行为更加重视内外部资源整合与共生发展；另一方面，创新生态系统更加重视用户的作用，进一步扩展为企业、大学及研究机构、政府和用户构成的"四螺旋"。可以说，创新生态系统是生态体系思想在创新系统理论中的渗透，它可以被理解为处于成长和进化阶段的创新体系研究；创新生态系统重视创新被嵌入市场过程和市场机制的作用及文化因素在维持系统的执行结构和秩序的一致性中的重要性；强调系统组织的结构—功能—过程与环境的动态关联和共同演化。与此同时，系统科学中的复杂适应系统和模拟仿真等方法工具的应用也将为研究创新生态系统自组织演化的具体过程和动力机制提供更微观的视角。

（3）网络视角。创新生态系统本质上是一个网络构念，是一种区别于科层和市场的独特组织形式。因此，基于网络的结构、动态性、治理、绩效等研究问题和研究方法能对理解生态系统研究中的类似问题有更好的帮助。例如，网络嵌入理论流派强调生态系统成员所嵌入的社会网络的结构和关系因素，其研究集中于理解生态系统的主体如何占据有利的网络结构位置，考虑如何建立一系列长远的安排促使成员向共同的目标前进，以及如何构建关系资产以促进交易与合作的顺利开展、如何建立和完善互惠机制以减弱机会主义和"搭便车"的风险等。网络管理流派则强调对创新生态系统或商业网络进行协调和管理的组织能力和策略方法，包括平衡竞争与合作的挑战，跨组织关系管理中的领导、决策和组织，核心企业对价值活动及其他网络参与者的影响和控制，运用网络管理能力来影响新商业领域的诞生的方法等。价值网络研究流派的主要贡献在于阐述了生态系统背景下价值创造和分配的理论逻辑，强调网络参与者之间的合作以及通过专业化能力和核心能力的组合来共同创造价值等。

（4）战略视角。越来越多的研究表明，创新生态系统已成为企业在快速变化的环境中获得竞争优势的新来源。Porter（1985）的结构学派的竞争战略强调对产业结构和竞争对手的分析，而资源基础理论的研究集中于资源特性和战略要素市场，认为企业拥有的异质性资源决定了企业竞争力的差异。与此不同的是，基于生态的战略管理更强调多个不同的利益相关者之间的竞合关系，通过建立战略联盟、平台组织、虚拟企业等实现利益共享和风险共担，是一种可以实现共赢的非零和博弈。它与传统资源基础观强调的内部选择相比，更加注重对外部效应的把握和跨组织的功能互补。例如，基于生态的开放式创新战略强调通过外部技术并购和技术开发、技术交易等途径，整合组织内部和外部的研发资源，以便更有效和快速地进行产品研发和商业化推广。在这一框架下，主体之间的关系成为基本的分析单元，它强调企业的关键资产可能超越了内部边界，嵌入于企业之间的资源和路径中，形成跨组织的关系租金和竞争优势。Teece（2007）进一步提出动态能力的概念，并指出在生态系统的背景下，动态能力强调围绕共享的技术平台与生态系统的成员进行共同进化和复杂的互动，这一框架超越了强调在生态系统中获得一个有利位置的思考，而主张快速识别并抓住机会进而实现组织重构。本章在下文中也将从战略视角出发，梳理在创新生态背景下，战略制定的关键维度和新的思考逻辑。

3．企业创新生态战略的关键维度研究

企业是创新生态系统中最重要的创新物种，企业创新生态战略是创新生态系统微观层面研究的重要内容，企业如何借助创新生态系统形成竞争优势也是管理学界较为热门的话题。已有研究从多个角度阐述了企业通过

创新生态系统获得竞争优势的来源（Adner and Kapoor，2010a；Adner and Kapoor，2010b；Gawer and Henderson，2007；Li，2009）。例如，Li（2009）的研究指出企业可以通过在生态系统内价值的共享来提升能力，Adner 和 Kapoor（2010a）则强调对系统内互补性资源与能力的使用。Iansiti 和 Levien（2004a）认为，企业间可以通过相互联结，形成利益共生体以缓冲外界环境的冲击，这种复杂的联结模式打破了企业间原有的竞争与合作的对立，将其融合成为更为复杂的"竞合"（Coopetition）关系来获取竞争优势，如图 2-8 所示。基于此，笔者试图从外部环境、组织间关系、资源整合和价值创造等不同维度对企业的创新生态战略进行研究。

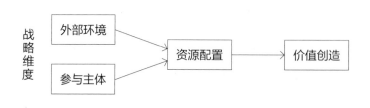

图 2-8　创新生态战略文献梳理

（1）**外部环境**。作为一个有机整体，创新生态系统的构成包括多种创新参与主体及创新环境要素，包括自然环境（地理位置和景观等）、文化（集体精神和社会规范等）、市场（客户和社会网络等）、制度（政策法规等）和其他支持要素（基础设施和专业服务等）等（蔡莉等，2016）。Pfeffer 和 Salancik（2003）早期提出，企业战略选择行为的一个外部视角和框架是外部的环境。但是，传统战略思路强调对外部环境的审视，相比之下，创新生态系统战略更强调组织结构、功能和行为过程与环境的相互作用。也就是说，创新生态系统实际上是外部环境和系统结构动态关联的自组织演化的创新系统（赵放和曾国屏，2014）。学者从不同角度探讨了外部环境的作用。例如，孙冰等（2016）就指出，社会技术地景（Social-Technology Landscape）是创新生态系统赖以生存和发展的外部环境，新技术范式的获胜和创新生态系统的发展将改变其所在的地景层，从而引发下一轮新技术的诞生。Clarysse 等（2014）认为，不同的情景对于企业生态系统的形成影响是不同的，他们举例论述了美国与欧洲的情景差异导致了两个地区创新生态系统的不同。在创新生态战略思路下，组织能够通过经济和非经济联系与其他组织和外部环境相互作用，形成正式和非正式结构，它不仅考虑制度和政府等正式因素，还突出了文化在创新生态系统非正式建构中的作用（赵放和曾国屏，2014）。Wallner 和 Menrad（2011）认为，创新文化是创新生态系统的重要组成部分，它有利于创新主体之间的认同、联系与合作。

（2）**组织间关系**。创新生态系统本质上是一种协同机制，它实现了个体与其他行为主体的联系（Adner，2006），是生态成员之间关系的长远而不断演进的过程的产物（Zahra and Nambisan，2012）。因此，在创新生态战略中，关系而非个体成为最基本的分析单元。这种关系比传统的双边的合作伙伴或互补者关系更加广泛、多样，流动性更强（Williamson and De Meyer，2012）。许多学者研究了组织间关系对于创新和绩效的影响。Ring 等（1992）认为，组织间的联结结构会影响战略以及技术的绩效。Kapoor 和 Lee（2013）基于组织经济学与组织战略，通过对美国医疗保健领域 1995～2006 年的数据的实证研究表明，创新生态系统内企业的组织间联结模式会影响核心企业的技术投资决策，通过产业联盟结成生态系统的公司更有可能投资新技术。一些学者认为，企业可以通过构建组织间关系网络，相互学习和发生组织间知识转移来实现知识的沟通与整合，从而提高创新能力。对于组织间关系如何影响企业创新这一问题，Park 和 Ungson（2001）从规制方式、关系复杂性、关系重要性、权力依赖和关系变革五个方面来刻画组织间的关系结构，并分析了它们如何影响组织间知识和信息传递的效率以及合作效果。还有学者认为，关系视角下竞争优势来源于组织间关系特定资产的投资，知识共享惯例，伙伴间互补资源使用以及选择合理的组织间治理架构。当企业希望通过根据其他主体的变化调整自己的战略从而获得持续竞争优势时，由于核心技术锁定与高昂的转换成本面临创新困境（Gawer and Cusumano，2014）。这需要企业构筑科学的治理结构与协调机制，从而控制生态内的活动，建立成员间的共同目标，进而提升生态内所有参与者的能力。

（3）**资源整合**。资源观强调企业可以凭借异质性的有形和无形资产提供独特的产品与服务，获取高于平均水平的利润，并最终获得竞争优势（Prahalad and Hamel，1990）。而在生态系统中，企业领导或参与某个创新生态系统将使它所拥有的资源超出其组织边界，即企业的竞争优势不但来自企业内部，还源于企业网络中的异质性资源。在生态成员的这种"竞合"关系中，竞争者可以通过使用对方的异质性资源或互补性能力来缩短创新的生命周期（Li，2009），进入未涉足过的全新市场（Gawer and Henderson，2007），以及完成创新的扩散。这些资源包括合作伙伴的声誉、风险资本的获取、相互的信任、共同的文化等，是产生超额利润的重要基础，且对生态之外的企业具有排他性（Gulati，1999；方刚，2008），从而实现了焦点企业及其合作伙伴业务对价值链的全覆盖，并与其合作伙伴之间构成了资源整合、动态演化的体系。

（4）**价值创造**。创新生态的根本目的在于通过创新来实现价值创造（Adner，2017）。在创新生态系统中呈现出一种更高级的整体层面的"价值共创"特征（李万，2014）。随着创新生态系统中的成员组织与环境动态性的增强，企业不再将自身看作一个封闭组织，而是与其他相关组织构成一个有机统一的整体，并将自身的命运与整个生态系统的命运紧密联系在一起，努力实现共生共演（李万，2014）。Adner 和 Kapoor（2010a）指出，在价值创造过程中，创新生态系统呈现为以核心企业为中心，包含提供产品组件的上游供应商和提供互补品的下游分销商在内的网状结构。价值的共同创造不仅依赖系统内成员的共同参与，还依赖于外部环境的变化，以及对由此产生的基础风险、相互依存风险和整合风险的克服。创新生态系统中的企业创造价值的能力依赖于生态系统中生产互补性产品或服务的组织，实现价值创造的途径包括为企业的创新过程提供便捷和为创新群落创造价值溢出（梅亮等，2014）。Amit 和 Zott（2010）指出，在生态系统中，实现价值创造和价值增值源于该生态系统的嵌入性、互补性、新颖性和高效性。Iansiti 和 Levien（2004a）、Li（2009）、Gawer 和 Cusumano（2014）的研究也发现，创新生态系统中的核心企业打造的平台在价值创造与共享中发挥着重要作用，核心企业借助平台不断整合其他行动者的新技术，与其他企业建立联结从而进入互补性产业，其他行动者则利用此平台提供的技术、产品和服务等获取信息和机会。同时，核心企业通过鼓励发展与平台技术的相关创新和抑制非相关创新、设立技术标准等行为控制技术轨道方向，逐步形成平台领导力，进而影响创新生态系统的价值创造（孙冰等，2016）。此外，还有一些学者关注生态系统产品开发过程中与消费者的价值共创过程（Von Hippel，2005）。

4．创业企业与创新生态系统的关系研究

过去的研究大多关注创新生态系统中的大企业，这些学者认为成熟企业为了快速进入新市场，倾向于开放其创新过程，并借助于外部资源来增强创新能力（赵放和曾国屏，2014）。近年来，随着技术和市场环境变化速度的加快，创业企业的作用和功能在创新生态系统研究中得到更多重视。许多学者指出，小企业往往是创新的携带者，同时又兼具某些"创业"的属性，它们在创新生态系统中扮演着饲养者（Breeder）、进食者（Feeder）和利基者（Niche Player）等不同的角色，是创新生态系统保持活力与持续发展的重要组成部分（Zahra and Nambisan，2011；Wynarczyk et al.，2013）。一般地，小企业的创业行为受到经济因素和非经济因素的共同影响（赵放和曾国屏，2014）。创业企业具有双重身份，它是一个生态的追随者，同时又具有独立的企业身份，因此生态创业者需要通过自我规制，在"生态系统依赖性"和"自身独立性"倾向之间保持平衡，即在满足平台领导者的要求和优先级与满足自身的发展目标之间保持平衡，前者保证了小企业能够充分利用系统中的机会和资源，后者则使其在整个生态系统失败崩溃后仍然能够独立生存（Zahra and Nambisan，2011）。Nambisan 和 Baron（2012）则论证了企业家的知识经验、自我控制能力和自我意识与实现企业创新的相互作用关系。

过去的研究大多强调创新生态系统所提供的外部环境是创业的前提条件。例如，Isenberg（2010）对硅谷生态的研究指出基于地理位置和创业氛围所形成的市场、政策、资金、人才、文化以及专业支持构成了创业成功的

"黄金标准"。后来的研究逐渐指出，生态系统绝不是这些创业要素的简单汇总，而是存在复杂的交互关系（Cohen，2006），将创业与系统的动态性与开放性相结合是创新生态系统研究的一个亮点，它进一步揭示了环境与创业之间的互利互惠关系（赵放和曾国屏，2014）。在生态背景下，创业行为可能要从管理企业层面的不确定性向管理共同的不确定性转变，这种共同的不确定性影响了一个创新生态系统中的不止一个行为主体。也就是说，建立一个创新生态系统和管理创新生态系统层面的共同的不确定性是创业者所实施的一种战略。许多学者进一步研究了创业企业如何利用行为战略创造和形成创新生态系统。例如，Ozcan 和 Eisenhardt（2009）发现那些在产业刚刚兴起时就能先发制人地建立具有联盟关系的战略更有可能产生高绩效，而那些在结构上使成员之间建立联系受到层层限制的战略通常导致更差的绩效。Hallen 和 Eisenhardt（2012）也发现创业者能够通过采用不同的催化战略使企业在创新生态系统中建立有利的地位，例如围绕重要的里程碑形成非正式的会面制度及为关系的形成建立具体的时间节点。这些研究都表明企业家能够通过使用一系列基于关系的、制度的和协调战略从而避免在生态建立时的结构刚性，进而建立更加有利的初始网络地位，将自身从更多方面锁定在一个特定的生态系统形态中。

第四节　本书的理论基础

1. 组织生态理论

生态系统的概念是由英国生态学家 Tansley（1935）提出，随后逐渐被应用到经济管理领域的研究中。组织生态学是组织理论研究的一个重要领域，它首次在 Hannan 和 Freeman（1977）的研究中出现，它通过以不同的形式对自然有机体与组织进行类比，用来描述组织与其周围的环境之间的关系。组织生态学提供了一个检验组织如何通过进化来应对环境因素（包括竞争和合法性）的变化的动态视角，其核心内容包括组织种群进化过程中的变种、选择和保留，组织群落内部的动态变化，以及组织形态、生态因素和宏观环境条件如何影响组织建立、变革和死亡的比率。另外，密度依赖、结构惰性、利基宽度、多样化组织等也是组织生态研究的重要内容。不同学者从个体组织、种群和群落等不同层面对生态进行研究。例如，在组织生态研究的早期阶段，学者试图研究环境对于单个组织的存活率和组织形态的影响。他们基于达尔文生物进化论中的三个核心概念：遗传、变异和自然选择，主要关注点在于通过研究组织如何适应变化的环境和组织如何通过组织进化的自然选择过程被选择出来以评估组织的演化趋势。

随后，许多学者开始意识到这一研究视角的局限性。例如，March（1994）指出，组织生态学理论的一大贡献在于对环境的内生作用开始受到关注，但是，环境的变化是复杂的，因为部分变化是来自组织种群共同变化的动态过程本身，但主流理论中却没有相关模型对这一现象进行阐述（姚耀和骆守俭，2006）。Morgan（2006）也认为，组织适应和选择视角将组织视为存在于一种紧张或与其所在的环境作斗争的状态中，并认为组织与环境是两个分离的对象，但事实上，组织不是独立存在的，也不是自给自足的，而是一个复杂系统的组成部分。因此，进化的过程只能从整个生态的层面去理解，应该对组织之间的关系模式而非个体组织进行研究。也有学者认为，达尔文的自然选择理论强调适者生存和竞争，却忽视了生物进化过程中合作的重要性，在自然界中，合作就像竞争一样普遍，对于我们理解组织之间的关系具有重要意义。随后的生物学家开始关注基于自然界不同物种之间复杂和多层次的互动和合作的共生关系。Patterson（2004）也将这种更为广义的生态框架引入组织研究领域来探究组织之间的竞合关系，生态系统内、企业之间的商业交易和互动（Iansiti and Levien，2004b；Moore，1993），以及这种相互关系对于分享信息、开发新的和更好的产品的重要作用。学者进而提出商业生态系统、创新生态系统等概念，从商业活动、生命周期、角色类型、关键战略和进化等视角，描述这些相互依赖的组织通过交互作用和知识分享，将彼此共同进化并发展出一系列新的能力以应对商业环境的变化的过程（Iansiti and Levien，2004b）。还有学者用共演的概念阐述组织与变化的环境的应配，并指出共演发生的前提是总体中必须包含具有适应和学习能力，能够进行互动并相互影响的异质性企业，这为后续的关于创新生态系统中跨组织学习、互补性资源和共同行动问题等研究提供了理论基础。

2. 资源依赖理论

资源是企业生存与发展的根本。这些资源包括所有被企业控制并能够用以制定和实施战略，从而提高其效率和效果的资产、能力、企业特质、信息、知识、组织流程等。传统的资源基础观区别于产业组织理论的两个关键假设是：一个产业中的企业在初始阶段是同质的，由于"隔离机制"，企业会拥有和控制一些异质性资源，这些资源无法在组织间完全自由地流动，因此这种异质性是可以持久的。也就是说，企业获得竞争优势的基础在于对这一系列企业可以支配的有价值的资源集合的运用。当企业独特的资源能满足有价值的、稀缺的、难以被模仿、难以被替代的特质时，这些战略性资源就可能使企业的短期竞争优势转变为持续竞争优势（Barney，1991）。

资源基础理论更强调企业内部资源，而资源依赖理论则揭示了组织与环境之间的关系及外部环境对资源获取的重要性，它是关于组织的外部资源如何影响其行为的研究。它的一个前提假设是组织具有社会性，没有一个组织是自给自足的，因此组织总是受限于与网络中其他组织的相互依赖关系。又因受外部环境不确定性的影响和组织内部资源的约束，组织将试图建立与其他组织的关系以获得所需的资源，并试图采取行动来管理外部的相互依赖性，这种依赖模式使组织之间和组织内部的权力得以产生，并导致了权力的不平衡性，这种权力又会反过来影响组织的行为。基于这一观点，组织被视为不断改变其组织结构和行为模式从而获得并持有所需要的外部资源的联盟，从而强化一个组织对其他组织的权力，而环境被认为包含了对组织的生存至关重要的、稀缺的和有价值的资源，同时也使组织在资源获取时面临不不确定性的难题。因此，组织如何处理与外部环境的关系是资源依赖理论的核心命题（周冬梅，2011）。组织也可能通过一些具体的行动实现对外部环境的控制，最小化对环境的依赖，例如，合资或建立其他形式的组织间合作关系、兼并或垂直一体化、董事会、高管继任、政治行动等，这些行为力图实现两个目标：获得对资源的控制从而最小化自身对其他组织的依赖并最大化其他组织对它们的依赖程度；实现任意一个目标都被认为能够影响组织之间的交易，进而影响组织的权力。另一个重要问题在于，有价值的稀缺资源仅仅为企业创造价值提供了潜在的可能性，并不能保证企业一定会产生竞争优势和创造价值。组织对关键资源的管理和控制能力也是其获得可持续竞争优势和超额利润的重要保障。

3. 关系资本理论

关系资本是一个社会学概念，它强调社会网络内部及网络之间的联系的重要作用。Hart（1986）最早提出的不完全契约理论认为：现实中，当事人并不能制定完全契约，这会影响契约双方的激励效果。Macneil（1974）在对传统契约理论的批判中也指出，现实中组织间的交易必须嵌入在特定的关系情境中，因此不能忽视关系因素的影响，它表现为交易双方之间是否具有紧密的、相互尊重和信任的社会关系。这种被个体拥有的资本可以转化为一定的集体属性，因此它不仅包括信任、承诺和专用性投资等独特的关系资源，还包括合作伙伴之间的共同行动和信息透明度等。对关系资本概念的理解通常包含两种视角，一种是工具性视角，它认为社会资本是与拥有持久网络相关的实在和潜在资源的总和，这一网络是由一系列建立在相互了解和认可的制度化的关系构成的。另一种是中立资源视角，从这个视角看，作为关系资本的实体具有两个特点：都包含社会结构的某些方面；都能够促进个体或集体的行动，产生于关系网络、互惠、信任和社会规范。许多学者认为，关系资本对于经济交换的产出有正向促进作用，它能够带来一定的信息收益与控制收益，有利于维持企业之间的良好合作关系，加速企业之间的知识转移和互动学习，降低机会主义行为的风险和关系不确定性引致的不良影响（包凤耐和彭正银，2015）。还有的学者基于关系视角，认为企业间的异质性关系是企业关系租金和竞争优势的重要来源（Dyer and Singh，1998）。Wu 和 Cavusgil（2006）进一步指出，通过建立对相互受益的关系的组织承诺，企业能够将它们的异质性资源转化为联盟及其自身的更高的租金，这种租金包括合作专有性收益和企业专有性收益，前者指联盟作为一个整体所获得的价值，它产生于交易专有性和相关企业专有性资源整合成一个协同的集合；后者产生于合作中的正向溢出，即企业从合作中收集新知识，与其他异质性资源进行整合，从而增加了合作之外的租金生成的能力。但是，社会资本作为一种中立资源，也可能存在一些消极的作用，例如，关系资本并不是对所有主体都平等享有的。也就是说，它具有一定的排他性，同时，关系资本需要对这种社会关系进行投资，以期在市场上获得回报。

第五节　现有研究评述

从前文的分析可以看出，目前的研究主要存在以下几个方面的不足：

（1）**关于中国情境下的创业研究**。通过总结前人的文献，笔者发现目前的创业研究更强调基于特定情境进行分析。基于情境的研究通常有两种思路，一类是情境嵌入性研究，即在既有的理论模型中增加相关的情境因素，从而修正或拓展对因变量的理论预测，得出基于具体情境的研究结论和具有情境依赖性和普适性的管理知识；另一类是基于特定情境的研究，其目的是基于现有文献来解释本土现象，识别特定情境模型，从而产生具有情境边界的知识（张玉利等，2014）。笔者发现，目前基于中国情境的创业研究大多还是对西方理论在中国情境下的演绎性研究，并没有对中国独特的现象展开深入讨论，也没有形成较为系统的研究框架。事实上，中国独特的创业情境极有可能导致特殊创业行为和绩效并不能完全用西方的创业理论来解释，所得到的结论也缺乏指导我国创业实践的价值。可以说，中国情境下的创业研究尚处于探索阶段，中国情境的要素及其内涵、中国情境下独特的创业现象及其背后的深层诱因等"黑箱"尚未打开，需要进一步深入思考，并建立新的理论框架。

（2）**关于海归创业问题的研究**。海归创业问题是近年来学术和实践领域的热点问题之一。总体来说，目前关于海归创业的研究尚处于起步阶段，仍存在巨大的理论缺口，相关的研究视角、研究方法和运用的相关理论也十分有限。从研究问题来看，目前的研究主要集中在宏观层面，关注海归群体的人力资本流动和海归创业的历史发展过程等问题，从微观层面研究海归创业的网络构建、创业学习和资源获取及其与本土情境的互动的文献相对较少；且现有的研究主要侧重于海归在教育程度、工作经验、技术水平等方面的优势，少有学者关注海归的劣势，尤其是针对海归创业失败的研究更为匮乏。从研究方法来看，海归与本土创业企业相比数量相对较小，抽样难度较大，且海归与本土创业者之间本身可能存在系统性的差异，现有的研究方法较为单一，导致难以克服可能存在的选择性偏误等问题，说服力不足。从已有的研究来看，学者都强调海归创业具有复杂的社会属性，受到多方面权变因素的系统影响。近年来，中国的创业环境发生了巨大的变化，急需最新的案例和数据对海归创业问题进行与时俱进的分析。

（3）**关于创新生态视角下创业问题的研究**。创新生态也是近年来较为热门的一个概念，但目前对创新生态系统较为成熟的理论研究还停留在概念探讨和隐喻阶段。同时，由于创新生态的概念难以量化，目前的研究方法多以案例描述为主，极少有定量化的实证研究，也缺乏系统化的理论架构，这就在一定程度上限制了创新生态概念在多场景下的应用和理论价值的延伸。许多学者都尝试将生态的视角引入创业问题的研究中，并提出创业生态系统的概念，主张以生态的思维来思考创业活动和制定战略决策。但是，生态系统实践导向下各创业现象背后的内在逻辑是什么？生态系统内部主体间的相互作用如何影响创业企业的行为和绩效？创业企业如何与其他主体共同演进和共同行动？如何对这种作用的原理和机制进行刻画？这些问题还尚未得到回答。尤其对海归创业企业而言，在高度不确定的本土情境中，它们往往面临水土不服的困境，需要运用生态的逻辑，打破现有的强调企业个体竞争和短期收益的战略行动，融合各个创业学派的观点，综合考虑创业过程的多个层面和多个因素，建构更加系统的理论模型来解释和预测现实中的复杂创业行为。基于现有的研究缺口，本书遵循环境—战略—行为—绩效的研究范式，初步形成以下理论框架（见图 2-9）：

图 2-9　本书的理论框架

第三章

海归与本土创业企业绩效比较

本章利用 2011～2015 年中关村科技园科技创业企业的统计数据，以销售收入、利润率和存活率三个不同指标测度在高技术产业海归创业企业与本土创业企业的绩效差异，回答海归企业的绩效是否比本土企业更优的问题。为降低抽样偏误率，笔者首先使用倾向评分匹配（PSM）法将特征相似的海归企业和本土企业进行配对，进而采用回归分析实证检验了海归对创业绩效的影响及企业法人代表的受教育水平和企业的研发投入两类知识资本的调节作用，从而检验了海归的"外来者劣势"（Liability of Foreignness）对其创业绩效的影响。

第一节 问题提出

与本土创业者相比，海归创业者往往具有更好的教育背景、丰富的国内外资源、先进的管理理念、卓越的语言能力和跨文化背景以及专业互补的人才团队等优势（Wang，2011；Kenney et al.，2013），通过明显的集聚和示范效应（Saxenian，2006；冉红霞，2008），成为促进中国经济实现新常态和推动科技创新的重要力量。然而，海归创业企业的发展也面临一些困境和挑战。远离祖国多年的海归由于缺乏对本土商业环境和市场的了解，存在明显的"外来者劣势"（Li et al.，2012）。这就意味着，海归的身份和经历对创业绩效的影响是其优势和劣势共同作用的结果（Li et al.，2012）。

海归创业企业的绩效与本土创业企业相比究竟更好还是更差？在过去的研究中，这一问题的结论因研究样本和研究方法的差异而有所不同（Dai and Liu，2009；Li et al.，2012）。但总体来看，与本土创业企业相比，海归创业企业的数量相对较小，抽样难度较大。在过去，学者采用 1995～2004 年的统计数据进行研究（刘青等，2013；Li 等，2012），而近年来中国本土的制度、文化环境发生了翻天覆地的变化，亟须用更新的数据阐释新的发展趋势。此外，海外留学和工作及海归回国和创业并非一个随机事件，受诸多因素的影响，因此海归和本土创业者之间本身可能存在系统性的差异，简单比较两个创业群体的绩效可能存在选择性偏误（刘青等，2013；Zweig，2006）。因此，本章利用 2011～2015 年中关村科技园科技创业企业的统计数据，并基于 PSM 的结果采用个体随机效应回归模型和混合效应回归模型实证检验了海归身份对创业绩效的影响。

第二节　文献综述与理论假设

1. 海归创业绩效研究

许多研究表明，与本土创业者相比，海归创业者更具有独特性。他们通常创建新企业的年龄更早，除了利用本地的关系，还拥有更多的海外网络和知识，并通过将国外的成熟想法引进中国从而实现创新（Alon et al.，2011；张枢盛和陈继祥，2012）。Wang 等（2011）也认为，海归创业者拥有更多的国际化商业运作的经验、知识和网络，同时拥有更丰富的获得风险投资的渠道，因而在高科技产品或 IT 产品和服务的出口中发挥着积极作用。Dai 和 Liu（2009）通过对中关村科技园的样本的实证研究发现，中小型海归创业企业凭借在技术、商业知识以及国际化创业导向等方面的优势，其创业绩效要优于本土企业的绩效。刘青等（2013）基于 2002 年、2004 年中国 6269 家民营企业主抽样调查数据的实证研究也表明，在同等条件下，民营企业主的留学经历或海外进修经历对企业业绩有显著的正向影响；国际视野和企业内部经营管理能力是海归优势的重要来源。

然而，海归创业企业的发展也面临一些困境和挑战。王耀辉和路江涌（2012）的研究表明，目前海归企业存在明显的"三三"现象：大约 1/3 有所发展，1/3 能勉强维持，1/3 处于破产或半破产状态。创业企业的成功在很大程度上取决于其所处的制度、政策及社会情境的规制（Alon et al.，2011；崔小青，2014）。尽管海归创业者在技术能力、资源市场、管理模式、文化背景和人才团队等方面具有显著优势，但同时也存在水土不服和缺乏企业运作经验等诸多障碍（冉红霞，2008）。受东西方不同制度和文化环境的影响，海归创业者和本土创业者在应对跨组织关系的不确定性及治理方式等方面存在明显差异（Liu and Almor，2014；Lin et al.，2015）。同时，由于国内和国外市场在商业运作规则方面存在异质性，海归在国外建立的社会联结可能并不适用于本土环境（Pruthi，2014）。在国外居住多年后，海归通常与母国的重要机构缺乏联系；同时，他们可能对母国已经发生翻天覆地变化的社会、文化和制度环境以及商业运作缺乏良好的认知（Zhang and Li，2010）。中国独特的文化体系和相对不完善的市场和制度环境，包括薄弱的知识产权保护和金融体系、政府控制大量稀缺资源、不正当竞争、合同执行力差等，使海归创业企业在资源获取和管理等方面面临巨大挑战（Fend and Wang，2010；蔡莉和单标安，2013）。因此，许多学者的研究表明，在社会网络和知识方面的"外来者劣势"的作用下，海归创业企业的运作绩效往往落后于本土创业企业（Li et al.，2012）。基于此，提出以下假设：

H1：在其他条件相同的情况下，海归创业企业的绩效比本土创业企业的绩效更差。

2．知识资本与创业绩效研究

知识资本是企业或组织在生产经营及管理活动中积累起来的一种以相对无限的知识为基础的、具有价值增值性的无形资产（Sveiby，1997），它解释了企业市场价值与账面价值之间差距的真正来源（Edvinsson，1997）。对创业企业而言，创业知识资本的积累是创业企业提升竞争力的关键因素之一（陈晓红等，2009），与创业绩效之间存在显著的正相关关系。其中，人力资本和创新资本是两种重要的知识资本。

（1）**人力资本与创业绩效**。人力资本是指创业管理团队的胜任力知识，主要包括创业管理团队的教育背景、工作经历、行业经验和相关培训等（陈晓红等，2009）。人力资本理论认为，个体通过教育获得的知识和技能可以增强他们发现和利用机会的认知能力，使他们更有效和高效地开展活动。创业者的教育程度被认为是一种推动初创企业获得成功的重要的人力资本（DeTienne and Cardon，2012；Lee and Lee，2015）。因此，许多研究强调创业者的受教育程度对技术创业企业的重要作用，并指出企业法人代表的受教育程度对创业绩效具有显著的正向影响（Amason et al.，2006；Li et al.，2012）。基于此，提出以下假设：

H2a：在其他条件相同的情况下，创业者的受教育程度越高，创业绩效越好。

与本土创业者相比，海归创业者的平均受教育程度更高（Alon et al.，2011），其人力资本水平也一般较高。在海外得到较高学历的海归通常学习能力更强，加之在国外生活和学习的时间较长，长期受到创业文化的熏陶，有较高的商业敏感度，同时也积累了更多的资金和人脉，能弥补其在建立本土网络和获取本土资源方面的劣势，因此高学历的海归不仅有更强烈的创业意向，创业绩效也普遍较高（苗琦等，2015）。基于此，提出以下假设：

H2b：在其他条件相同的情况下，创业者的受教育程度能削弱海归对创业绩效的负向影响。

（2）创新资本与创业绩效。 创新资本反映创业企业的创新能力，其中研发投入的数量是创新资本的重要体现（陈晓红等，2009）。研发投入是推动初创企业快速发展、降低创业失败率和实现创新的关键要素和内在驱动力（Mudambi and Swift，2014；Osiyevsky et al.，2015）。研究表明，通过研发活动和技术创新为顾客提供具有价值的产品有利于帮助企业获得垄断地位、创造先发者优势、提高生产率或增强产生新的组织知识或应用现有知识以实现产品化的内部能力。基于此，做出如下假设：

H3a：在其他条件相同的情况下，研发投入越高，创业绩效越好。

与本土创业者相比，海归创业者掌握关键前沿技术的比例较大，并拥有个人专利（苗琦等，2015），还可能将先进的技术管理理念带到企业，这能够大大提升创业企业在战略和金融市场上的表现。此外，海归通常与海外企业或研究机构保持着比较紧密的联系，这有助于企业更加深入地参与国际科技合作；同时，在相同研发投入的情况，海归更倾向于对成果申请专利，这也间接地促进了从研发投入向科技成果的转化（罗思平和于永达，2012）。基于此，学者发现研发投入的数量与海归企业绩效具有显著的正向关系，强大的内部技术能力能够弥补"外来者劣势"的负向作用（Dai and Liu，2009，Li et al.，2012）。基于此，提出以下假设：

H3b：在其他条件相同的情况下，创业企业的研发投入能削弱海归对创业绩效的负向影响。

本章的理论框架如图3-1所示：

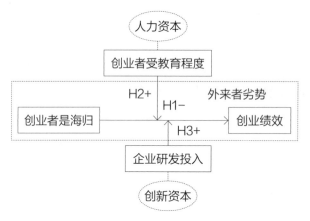

图 3-1　本章的研究框架

1. 数据来源与概念界定

本书的主要数据来源于2011~2015年北京中关村科技园数据库。中关村科技园创建于1988年，是中国首个国家级自主创新示范区。近年来，中关村实施了"高端领军人才聚集工程"，并出台了《中关村示范区海归人才创业支持专项资金》等多项政策，鼓励更多的海外人才回国创业（Zhang et al.，2009）。截至2012年，中关村科技园留学归国人员总人数达到1.6万人，连续4年实现增长；其中，拥有硕士及以上学历的留学归国人员数量为1.2万人，占留学归国人员总人数的77.1%[①]（见图3-2）。可以说，中关村科技园是海外高端人才和海归创业者的聚集地。

从1995年开始，科技园内所有被认定为高技术的企业必须向中关村管委会递交年度企业信息，包括企业法人信息、企业基本信息、财务指标和研发数据等。在企业法人信息中，包含企业法人代表是否为海归的信息。在此，按照中关村对海归的定义，海归被界定为：

（1）经教育部留学人员服务中心、北京海外学人中心等权威机构认定的留学人员；

（2）在海外国际知名企业或中国知名企业海外机构工作一年及以上的各类人才；

（3）在海外定居一年以上且取得本科以上学位的外籍人才[②]。我们将海归企业界定为法定代表人为海归的高技术企业，本土企业为法定代表人为非海归的高技术企业。现有的研究将初创企业定义为成立8年或8年以下的企业（Li and Zhang，2007）。按照这一标准，笔者进一步剔除了成立时间在8年以上的企业，由此筛选出2011～2015年中关村科技园所有高技术初创企业的相关数据。在剔除所有的缺失值、极端值和不满足逻辑关系的观察值后，共得到756家海归创业企业和6078家本土创业企业的54672个观察值。

---

① 中关村管委会. 中关村指数 2013 分析报告 [EB/OL].http://www.zgc.gov.cn/document/20140331154035390928. pdf，2014-01.

② 中关村管委会. 中关村国家自主创新示范区海归人才创业支持专项资金管理办法政策解读 [EB/OL]. http://www.zgc.gov.cn/zcfg10/zcjd_jd/gdrc_10jd/89807.htm，2016-06-30.

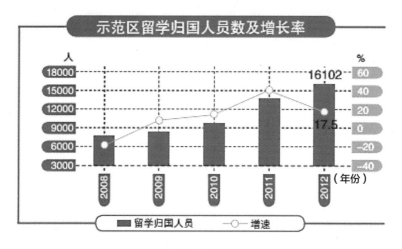

图 3-2　2008~2012 年中关村科技园留学归国人员数量和增速

2. 变量设定

本书旨在了解海归创业企业与本土创业企业的绩效差异。在过去的研究中，创业绩效可以从主观和客观两个角度来测量。相对于主观评价的相对绩效测量法，采取绝对财务绩效更能直接地反映创业成效，从而增加研究的信度（陈晓红等，2009）。其中，年销售收入和利润率是较常用的两个绩效变量（Eisenhardt and Schoonhoven，1990；余绍忠，2013）。创业企业通过提供新产品或新服务、开辟新市场来提高销售收入和利润率，因此，创业企业的年销售收入和利润率能够反映其快速增长和扩张的程度（Li et al.，2012）。另外，存活率也是衡量创业企业是否成功的重要指标，它体现了创业企业能否实现"适者生存"（Arribas and Vila，2007）。使用单一的测度指标衡量创业绩效会存在一定的偏误（Lee，2015）。因此，本书采用销售收入、利润率和存活率三个指标才测度创业绩效。其中，销售收入用企业当年的销售总收入（千元）的自然对数值来衡量；利润率用企业当年的总利润（千元）与企业当年的销售收入（千元）的比值来衡量；存活率用"0"和"1"虚拟变量来衡量，当企业在 t+1 年仍然存活则取值为"1"，当企业在 t+1 年退出则取值为"0"。

本书的解释变量为企业的法定代表人是否为海归，用"0"和"1"虚拟变量来衡量，如果企业的法定代表人为海归则取值为"1"，如果企业的法定代表人为非海归则取值为"0"。同时，将企业法定代表人的受教育程度和企业的研发投入作为两个调节变量。其中，受教育程度用5分量表来测度，博士及以上设为"4"，硕士设为"3"，本科设为"2"，大专设为"1"，其他设为"0"（在进一步的分析中，笔者设置了4个虚拟变量，所得结论一致）。研发投入用企业当年的研发支出（千元）的自然对数值来衡量。

创业企业的绩效还与其自身的一些重要属性息息相关，包括所属产业、企业年龄、企业规模等。本书将这些影响因素纳入计量模型中作为控制变量加以控制。目前，中关村高新技术企业所属产业包括电子信息、生物工程和新医药、新材料、环境保护、先进制造、航空航天、新能源、核应用技术、现代农业、海洋工程和其他11个类别，本书引入产业虚拟变量以控制产业的差异可能带来的影响；企业年龄用企业成立的年数来衡量；企业规模用企业的员工数量来衡量。同时，中国的经济和环境在过去五年里迅速变化，因此，笔者还设置了年度虚拟变量以控制观察年份的差异可能带来的影响。各变量释义如表3-1所示：

表3-1　研究变量的定义

变量	变量符号	变量定义
销售收入	$\ln(Sales_{it})$	创业企业 i 第 t 年的销售收入
利润率	$Profit_{it}/Sales_{it}$	创业企业 i 第 t 年的利润率
存活率	$Survival_{it+1}$	创业企业 i 第 t+1 年是否存活（虚拟变量，是 = "1"，否 = "0"）
是否为海归	$Returnee_i$	创业企业法定代表人是否为海归（虚拟变量，是 = "1"，否 = "0"）
教育程度	$Education_i$	创业企业法定代表人的受教育程度（博士及以上 = "4"，硕士 = "3"，本科 = "2"，大专 = "1"，其他 = "0"）
研发投入	$\ln(R\&D_{it})$	创业企业 i 第 t 年的研发支出
企业年龄	Age_{it}	截至第 t 年底，创业企业 i 成立的年数

变量	变量符号	变量定义
企业规模	$Size_{it}$	创业企业 i 第 t 年的员工数量
产业类型	$Industry_i$	创业企业 i 所属的产业类型（虚拟变量，电子与信息 = "10"，生物工程和新医药 = "9"，新材料 = "8"，环境保护 = "7"，先进制造 = "6"，航空航天 = "5"，新能源 = "4"，核应用技术 = "3"，现代农业 = "2"，海洋工程 = "1"，其他 = "0"）
年份	$Year_t$	观察年份（虚拟变量，2011～2015 年）

3. 数据分析

（1）PSM 配对。本书的研究目的是评估海归对创业绩效的影响，即揭示海归的身份与创业绩效之间是否存在实际因果关系。然而，在经验研究中，选择性偏差和混合性偏差往往给估计结果带来很大的干扰①（毛其淋和许家云，2014）。通常来说，采用完全控制协变量的随机试验方法是对两个变量之间实际因果关系进行推断的最为理想的检验方法。例如，在本研究中，最理想的方法是通过比较企业的法人代表是海归和不是海归时创业绩效之间的差异，从而揭示出海归这一变量对创业绩效的影响。不但是在现实中，并不能观测到如果海归企业的法人代表不是海归而是本土创业者的情况下的创业绩效，因为这是一种反事实。那么，我们如何才能判断海归与本土创业企业的绩效差异的确是由海归这一干预导致的呢？

倾向得分匹配（PSM）方法是解决上述问题的较为有效的工具（Huang and Kisgen，2013）。该方法的基本思想是：首先将样本分为两组，一组是海归企业 $i \in \Omega_1$（设置为处理组），一组是本土企业 $j \in \Omega_0$（设置为对照组）。然后将两个样本组的企业进行匹配，使匹配后的配对企业之间仅在法人代表是否是海归这一变量上有所差异，而其他方面相同或十分相似。用 $P_{i,t}^1$ 表示海

---

① 选择性偏差，是指在选择研究对象时并不是随机的而是根据某种标准进行选取；混合性偏差，是指对照组和处理组不仅在干预因素方面存在差异，而且在其他方面也存在个体差异，使无法通过直接比较两组结果来判断变量差异是否由干预所致。

归企业 i 在第 t 年的创业绩效，用 $P_{i,t}^0$ 表示海归企业 i 法人代表不是海归的情况下在第 t 年的创业绩效，这样海归对创业绩效的因果效应，即处理组企业的平均处理效应（Average Effect of Treatment on the Treated，ATT）就可以表示为：

$$\delta = E\left(P_{i,t}^1 - P_{i,t}^0 \middle| \Omega_1\right) = E\left(P_{i,t}^1 \middle| \Omega_1\right) - E\left(P_{i,t}^0 \middle| \Omega_1\right) \tag{3-1}$$

在式（3-1）中，$E\left(P_{i,t}^0 \middle| \Omega_1\right)$ 表示海归企业 i 在法人代表不是海归的情况下的创业绩效，是一种"反事实"，如果要实现对式（3-1）的估计，需要用匹配后的对照组来最大限度地近似替代处理组的"反事实"，最后再比较两组企业之间创业绩效的差异，由此判断海归对企业创业绩效的因果效应。

一种做法是用对照组企业在第 t 年的创业绩效 $E\left(P_{j,t}^0 \middle| \Omega_0\right)$ 近似替代 $E\left(P_{i,t}^0 \middle| \Omega_1\right)$。但是，这种处理方法需要满足一个前提条件，即如果企业法人代表都不是海归，对照组与处理组企业在创业绩效上的时间变化路径必须是平行的；当对照组与处理组企业在影响创业绩效的因素上差异较大时，这一前提条件通常是无法得到满足的。因此，学者通常将共同影响因素作为匹配变量，进而依据匹配变量从对照组中筛选出与处理组最为相似的企业进行合适的替代（毛其淋和许家云，2014）。但是，这种相对直接的配对方法也存在一定的局限性，例如，当匹配变量数目过多或过少时，都可能无法得到与处理组企业相匹配的合适的对照组企业，进而影响估计结果（毛其淋和许家云，2014）。因此，这里借鉴 Blundell 和 Costa-Dias（2000）的思路，采用倾向得分匹配方法为处理组企业找到合适的对照组企业。

首先需要确定企业法定代表人是海归的概率 p=p（Returnee$_i$=1）。选取的匹配向量 X$_{it}$ 主要包括以下变量：企业法人代表的受教育教育程度、企业年龄、企业所属产业、企业研发投入和企业规模。由此笔者采用 Logit 方法估计如下模型：

$$p(Returnee_i=1)=\phi(Education_i, Age_{it}, Industry_i, R\&D_{it}, Staff_{it}) \tag{3-2}$$

由式（3-2）估计得到的概率预测值 p 为倾向性得分，笔者将对照组企业 j 法人代表为海归的概率预测值记为 p_j，处理组企业 i 法人代表为海归的概率预测值记为 p_i，PSM 方法的原理则是根据对照组与处理组之间 p 值的接近程度对其进行配对。此时，可以认为在对照组和处理组之间企业法人代表是海归这一现象是近似随机的，从而避免样本选择带来的偏误，则海归对创业绩效的因果效应的标准匹配估计量可表示为：

$$\delta = \frac{1}{n} \sum_{i \in \Omega_i} \left(P_{i,t} - \sum_{j \in \Omega_0} g(p_i, p_j) P_{j,t} \right) \qquad (3-3)$$

式中，n 为海归企业的数量，函数 g（•）表示当用对照组企业 j 的 $P_{j,t}^0$ 作为处理组企业 i 的 $P_{i,t}^0$ 的"反事实"替代时，给对照组企业 j 所施加的权重，该权重的大小取决于 p_i 和 p_j 之间的差异程度。

另外，当选用不同的匹配方法时，权重函数 g（•）的表达式也是不同的。在此，我们采用最近邻域匹配法进行估计，其基本思想是：前向或后向搜索与处理组样本的倾向性得分值最为接近的对照组样本作为匹配对象。

假设 C(i) 表示对照组中与处理组的第 i 个观察值对应的匹配样本构成的集合，那么其匹配原则如下：

$$C(i) = \min_j \left\| p_i - p_j \right\|, \ j \in \Omega_0 \qquad (3-4)$$

由此，可以计算得到 ATT 值。为克服潜在的小样本偏误对结论的影响，本书通过"自抽样法"（Bootstrap），即"拔靴"，来获得原始样本 ATT 统计量的标准误，进而进行统计推断。

还需要指出的是，采用以上方法对样本进行配对需满足两个潜在假设条件：其一是重叠条件，即 $0 < \Pr(Returnee_{i=1} | X_{i,t}) < 1$，这一条件确保每个处理组企业都可以通过倾向性得分找到与其匹配的对照组企业；其二是条件独立性假设，即 $\{P_{i,t}^1, P_{i,t}^0\} \perp Returnee_i | X_{i,t}$，这表明在控制了影响海归身份的共同因素之后，海归与企业创业绩效的变化是相互独立的。

（2）**混合效应模型和个体随机效应模型。**在采用 PSM 方法对海归企业和本土企业进行配对后，笔者对面板数据进行回归以进一步分析海归与创业绩效之间的关系及影响因素，从而得出更加稳健的结论。由于很多企业在 2011～2015 年创建或退出，因此该样本为非平衡面板数据。基于上述分析，得到以下计量模型：

模型（1）：

$$\ln(Sales_{it}) = c_1 + \alpha_1 Returnee_i + \alpha_2 Education_i + \alpha_3 \ln(R\&D_{it}) + \alpha_4 Returnee_i \times Education_i + \alpha_5 Returnee_i \times \ln(R\&D_{it}) + \alpha_6 Age_{it} + \alpha_7 Size_{it} + \alpha_8 Industry_i + \alpha_9 Year_t + \mu_{it1} \quad (3-5)$$

模型（2）：

$$Profit_{it}/Sales_{it} = c_2 + \beta_1 Returnee_i + \beta_2 Education_i + \beta_3 \ln(R\&D_{it}) + \beta_4 Returnee_i * Education_i + \beta_5 Returnee_i \times \ln(R\&D_{it}) + \beta_6 Age_{it} + \beta_7 Size_{it} + \beta_8 Industry_i + \beta_9 Year_t + \mu_{it2}$$
$$(3-6)$$

模型（3）：

$$\ln(Survival_{it+1} = 1) = \phi(c_3 + \varepsilon_1 Returnee_i + \varepsilon_2 Education_i + \varepsilon_3 \ln(R\&D_{it}) + \varepsilon_4 Returnee_i \times Education_i + \varepsilon_5 Returnee_i \times \ln(R\&D_{it}) + \varepsilon_6 Age_{it} + \varepsilon_7 Size_{it} + \varepsilon_8 Industry_i + \varepsilon_9 Year_t + \mu_{it3}$$
$$(3-7)$$

用面板数据建立的模型通常有三种：混合效应模型、个体随机效应模型和个体固定效应模型。在进行正式估计前，需要选择合适的模型。首先对每一个模型采用 F 检验，在混合模型与个体固定效应模型之间进行选择。模型（1）和模型（3）的 F 统计量对应的 P 值 < 0.01，因此推翻原假设（混合效应模型）；进一步对模型（1）和模型（3）采用 Hausman 检验，在个体随机效应模型与个体固定效应模型之间进行选择，由于 Hausman 统计量对应的 P<0.01，因此不推翻原假设（个体随机效应模型），最终选择建立个体随机效应模型。为修正线性模型随机项的序列相关和异方差问题，本书采用广义最小二乘法（GLS）进行估计。由于模型（3）的被解释变量为企业在下一年

是否存活，本书采用 Logit 二元离散选择模型进行回归。此外，还进一步采用 GLS 估计得 Probit 随机效应模型进行验证，得到的结果也是一致的。模型（2）的 F 统计量对应的 P 值＞0.05，因此不推翻原假设（混合效应模型）；我们进一步使用 LM 检验判断使用混合效应模型还是个体随机效应模型，由于模型（2）的 LM 统计量对应的 P 值＞0.01，表明不推翻原假设（混合效应模型），混合效应模型优于个体随机效应模型，因此本书采用 OLS 混合效应模型分析海归对利润率的影响。本书使用统计软件 Stata 12.0 进行分析。

第四节　结果分析

1. 描述性统计结果

表 3-2 显示了 2011～2015 年海归企业和本土企业的数量。在样本中，海归企业的数量为 756 家（企业—年份），占总样本的 11.06%；同时，笔者发现海归企业的数量在近年来逐年递增。

表 3-2　海归企业和本土企业样本（企业—年份）数量

年份	2015	2014	2013	2012	2011	总计	百分比
海归企业	310	179	145	75	47	756	11.06%
本土企业	2866	1348	1037	500	320	6078	88.94%
总计	3176	1527	1182	575	367	6834	100%

表 3-3 将 2011～2015 年的所有样本分为海归企业和本土企业两组，对两组的法人代表受教育程度、企业年龄、员工数量、研发投入、销售收入和总利润等个人和企业特征进行对比描述，并通过配对样本 t 检验判断两

组变量的均值是否存在显著差异。检验结果表明，本土企业的销售收入和总利润的平均值均显著高于海归企业。表3-4呈现了各主要变量的相关系数，从表3-4中也可以看到海归与销售收入和总利润之间具有显著的负相关关系。

表3-3 配对前海归企业和本土企业基本特征的t检验结果 [ab]

变量	本土企业（obs., N=6078）		海归企业（obs., N=756）		t检验	非均衡 t检验
	平均值	标准离差	平均值	标准离差		
Education	2.4059	0.8762	3.3532	0.7429	-28.4790***	-32.3704***
Age	4.8490	1.8333	4.5966	1.7529	3.5870***	3.7144***
Staff	146.3501	796.45	120.9034	622.5128	0.8469	1.0245
Industry	1.7532	2.6969	1.6212	2.5574	1.2716	1.3253*
ln（R&D）	7.7804	1.7063	7.6943	1.7315	1.3051*	1.2905*
ln（Sales）	9.4228	2.3100	8.6528	2.4394	8.5887***	8.2318***
Profit	14772.15	236228.2	-4819.791	154762.2	2.2218**	3.0649***

注：a表示表中未显示年度虚拟变量的t检验结果。b表示表中 * 在10%的显著水平上拒绝原假设，** 表示在5%的显著水平上拒绝原假设，*** 表示在1%的显著水平上拒绝原假设，下同。

从表3-3中也可以看出，除销售收入和总利润外，海归企业和本土企业之间其他特征变量也存在显著差异，其中企业法人代表的受教育程度的差异最为明显。由图3-5可知，在海归创业者中有接近90%获得了博士或硕士学位，但仅有43%的本土创业者拥有博士或硕士学位，这意味着海归创业者的平均学历水平显著高于本土创业者。此外，表3-6进一步分析了产业特征，包括产业构成及各产业中海归及本土企业的数量和所占比例。

表 3-4 平均值、标准离差和单变量变量之间的相关系数 [a][b]

变量	平均值	标准离差	1	2	3	4	5	6	7	8
Returnee	0.111	0.314	1.0							
Education	2.511	0.912	0.326***	1.0						
Age	4.821	1.826	-0.043***	-0.041***	1.0					
Industry	1.739	2.682	-0.015	-0.015	0.008	1.0				
Staff	143.535	779.123	-0.010	0.057***	0.018	0.058**	1.0			
ln（R&D）	7.771	1.710	-0.016	0.153***	0.126***	0.022	0.289***	1.0		
ln（Sales）	9.338	2.337	-0.103***	0.044***	0.198***	0.109***	0.297***	0.695***	1.0	
Profit	12604.8	228722.3	-0.027*	0.0214*	-0.010	0.045***	0.162***	0.105**	0.145*	1.0

注：a 表示表中 N=54672 个企业－年观察值。b 表示表中未显示年度虚拟变量的相关系数。

表3-5 本土创业者与海归创业者受教育程度对比

教育程度	博士及以上	硕士	本科	大专	其他	总计
总计	991	2329	2870	467	177	6834
百分比（%）	14.50	34.08	42.00	6.83	2.59	100.00
海归创业者	364	313	68	4	7	756
百分比（%）	48.15	41.40	8.99	0.53	0.93	100.00
本土创业者	627	2016	2802	463	170	6078
百分比（%）	10.32	33.17	46.10	7.62	2.80	100.00

表3-6 海归企业与本土企业所属产业对比

产业	总计	百分比（%）	海归企业	百分比（%）	本土企业	百分比（%）
电子与信息	4063	59.45	419	55.42	3644	59.95
生物工程与新医药	563	8.24	118	15.61	445	7.32
新材料	280	4.10	35	4.63	245	4.03
环境保护	316	4.62	32	4.23	284	4.67
先进制造	513	7.51	47	6.22	466	7.67
航空航天	49	0.72	2	0.26	47	0.77
新能源	614	8.98	57	7.54	557	9.16
核应用技术	12	0.18	2	0.26	10	0.16
现代农业	71	1.04	8	1.06	63	1.04
海洋工程	1	0.01	0	0.00	1	0.02
其他	352	5.15	36	4.76	316	5.20
总计	6834	100.00	756	100.00	6078	100.00

2. PSM 配对结果

以上描述性数据已从直觉上说明创业企业的销售收入和总利润因企业法人代表是否为海归的不同而存在显著差异，且在平均意义上本土创业企业的经营业绩更优。然而，上述描述并不能直接证明海归与创业绩效存在因果关系，因为创业绩效还可能与创业者的受教育程度、企业规模、研发投入等因素相关。因此，需要在其他方面都相同的条件下，比较海归创业企业和本土创业企业的绩效差异来验证海归与创业绩效的关系。如表 3-8 所示，依据 PSM 配对的原理，笔者分别对 2011～2015 年的海归企业和本土企业进行逐年配对，在删除不满足共同支撑假设的 8 个样本后，最终得到满足配对条件的 1343 家企业。在计算 ATT 前，笔者还对配对结果进行了匹配平衡性检验[①]，如表 3-7 所示。结果表明，处理组与对照组企业在企业年龄、研发投入、员工数量和所属产业四个可观测匹配变量上均不存在显著的差异，其 t 检验的相伴概率均远远大于 10%；尽管教育程度这一匹配变量在处理组与对照组企业之间的差异仍然十分显著，但标准偏差绝对值仅为 5.1706，减小的幅度高达 20.52%，满足 Rosenbaum 和 Rubin（1985）提出的标准偏差绝对值小于 20 的标准，证明本书匹配结果质量较好。

表 3-7　配对后的标准偏差和 t 检验结果

变量	处理组（obs., N=756）		对照组（obs., N=587）		标准偏差绝对值	t 检验	非均衡 t 检验
	平均值	标准离差	平均值	标准离差			
Education	3.3532	0.7429	3.2300	0.7705	5.1706	2.9655***	2.9519**
Age	4.5966	1.7529	4.6814	1.8192	4.1985	−0.8656	−0.8616
R&D	10864.83	41391.11	10598.76	72531.39	2.4498	0.0847	0.0794
Staff	120.90	622.51	111.45	514.46	6.5742	0.2973	0.3045
Industry	1.6217	2.5574	1.6082	2.5857	9.8747	0.0956	0.0955

表 3-8 给出了 PSM 配对后处理组的 ATT 估计结果，它反映了海归对创业绩效的平均处理效果。结果表明，在其他条件相同的情况下，海归分别在销售收入、利润率和存活率三种创业绩效指标上都产生了负向的效果。尽管这种负向作用从统计意义上来讲在某些年份并不显著，但整体来看，海归在创业经营中并不具有优势。

[①] PSM 估计的可靠性取决于独立性条件是否被满足，即要求匹配后处理组企业与对照组企业在匹配变量上不存在显著差异，即满足平衡性检验。

表 3-8　PSM 配对后处理组的 ATT 估计 [ab]

年份	处理组	对照组	ATT		
			Ln（Sales）	Profit/Sales	Survival
2015	310	253	−0.417*** （−1.988）	−5.987* （−1.282）	— —
2014	179	137	−0.419** （−1.496）	−17.497 （−1.095）	0.017 （0.479）
2013	145	110	−0.314 （−0.981）	−0.226 （−0.286）	−0.014 （−0.252）
2012	75	57	−0.217 （−0.474）	−2.032 （−0.544）	−0.067 （−1.044）
2011	47	30	−1.554*** （−2.317）	−110.832** （−1.433）	0.128 （1.148）

注：a 表示括号内数值为通过"拔靴"反复抽样 500 次获得的 t 统计量。b 表示由于缺少 2016 年企业是否存活的数据，因此存活率变量用 2011~2014 年数据来计算。

3. 回归分析结果

表 3-9 ~ 表 3-11 分别检验了海归对销售收入、利润率和存活率三种创业绩效指标的影响及企业法人代表的受教育程度和研发投入的调节作用。其中，模型 1a、模型 2a、模型 3a 为主效应模型，模型 1b、模型 2b、模型 3b 为加入了海归×受教育程度交互项的调节效应模型，模型 1c、模型 2c、模型 3c 为加入海归研发投入交互项的调节效应模型，模型 1d、模型 2d、模型 3d 为总模型。基本结果如下：

（1）**海归对创业绩效的影响**。模型 1a、模型 2a、模型 3a 的回归结果显示，自变量企业法人代表是否为海归的回归系数均显著为负（$\alpha1= -0.410$，$p<0.01$；$\beta1= -12.857$，$p<0.1$；$\epsilon1= -0.485$，$p<0.1$）。这表明，在其他条件相同的情况下，海归创业企业的销售收入、利润率和存活率等绩效指标比本土创业企业更差，海归的劣势对创业绩效的影响超过了其优势，从而支持了假设 1。在控制变量中，企业年龄和企业规模与销售收入显著正相关（$\alpha6= 0.204$，$p<0.01$；$\alpha7= 0.0004$，$p<0.01$），尽管这两个变量在模型 2a 和模型 3a 中的回归系数也为正，但这种正向作用并不显著，说明创业企业的销售收入

会随着企业年龄和企业规模的增加而提高，但利润率和是否选择退出却与企业年龄和企业规模关系不大。

表 3-9　检验海归对销售收入的影响（GLS 估计的随机效应模型）

	Ln（Sales）			
	模型 1a	模型 1b	模型 1c	模型 1d
Predictors				
Returnee ventures	−0.410***	0.371	0.327	1.000*
Moderators				
Education	−0.174***	−0.051	−0.183***	−0.066
ln（R&D）	0.883***	0.881***	0.943***	0.934***
Interactions				
Returnee dummy×Education		−0.240*		−0.226*
Returnee dummy× ln（R&D）			−0.095*	−0.087
Controls				
Age	0.204***	0.204***	0.203***	0.203***
Size	0.0004***	0.0004***	0.0004***	0.0004***
Industry dummies	Included	Included	Included	Included
Year dummies	Included	Included	Included	Included
Constant	1.738***	1.349***	1.325***	0.995**
Wald Chi^2	1336.39	1342.94	1340.85	1346.51
Prob>Chi^2	0.000	0.000	0.000	0.000
Number of observations	1343	1343	1343	1343

表 3-10　检验海归对利润率的影响（OLS 估计的混合效应模型）

	Profit/Sales			
	模型 2a	模型 2b	模型 2c	模型 2d
Predictors				
Returnee ventures	−12.857*	49.010	39.216	93.801**
Moderators				
Education	−8.156*	2.047	−8.578*	1.176
ln（R&D）	−5.279**	−5.457**	−1.092	−1.611

	Profit/Sales			
	模型 2a	模型 2b	模型 2c	模型 2d
Interactions				
Returnee dummy× Education		−18.840**		−17.9478*
Returnee dummy× ln（R&D）			−6.728	−6.166
Controls				
Age	2.119	2.102	1.996	1.990
Size	0.006	0.006	0.006	0.006
Industry dummies	Included	Included	Included	Included
Year dummies	Included	Included	Included	Included
Constant	100.918	65.761	65.816	35.257
R^2	0.0280	0.0308	0.0297	0.0322
Prob>F	0.0041	0.0020	0.0032	0.0017
Number of observations	1343	1343	1343	1343

表 3-11　检验海归对存活率的影响（GLS 估计的 Logit 随机效应模型）

	Survival			
	模型 3a	模型 3b	模型 3c	模型 3d
Predictors				
Returnee ventures	−0.485*	−0.461*	2.141*	2.163*
Moderators				
Education	−0.326*	−0.414*	−0.350**	−0.427**
ln（R&D）	0.330***	0.310***	0.506***	0.488***
Interactions				
Returnee dummy×Education		0.017		0.015
Returnee dummy× ln（R&D）			−0.356**	−0.356**
Controls				
Age	0.135	0.127	0.138	0.131
Size	0.00005	0.00003	0.00003	0.00004
Industry dummies	Included	Included	Included	Included
Year dummies	Included	Included	Included	Included
Constant	1.300	1.516	−0.021	0.172

	Survival			
	模型 3a	模型 3b	模型 3c	模型 3d
Wald Chi^2	34.44	34.14	36.14	35.72
Prob>Chi^2	0.007	0.007	0.007	0.006
Log likelihood	−370.845	−370.592	−368.187	−367.989
Number of observations	1156	1156	1156	1156

（2）**受教育程度和研发投入的调节作用。**在主效应模型中，笔者发现创业者的受教育程度与三类绩效指标均具有显著的负相关关系（α_2=−0.174，$p<0.01$；β_2=−8.156，$p<0.1$；ε_2=−0.326，$p<0.1$），这表明在其他条件相同的情况下，创业者的受教育程度越高，创业绩效越差，从而推翻了 H2a。在调节效应模型中，海归与受教育程度的交互项与销售收入显著负相关，且系数的绝对值小于主效应模型中海归自变量的系数的绝对值（−0.410 → −0.240，$p<0.1$）；交互项与利润率显著负相关，且系数的绝对值大于主效应模型中海归自变量的系数的绝对值（−12.857 → −18.840，$p<0.05$）；交互项与存活率没有显著相关关系。这说明在其他条件相同的情况下，创业者的受教育程度增强了海归对利润率的负向影响，但同时能削弱海归对销售收入的负向影响，对海归与存活率之间的负向关系没有调节作用，从而部分验证了 H2b。

主效应模型的结果还表明，企业的研发投入与销售收入和存活率两个绩效指标均具有显著的正相关关系（α_3=0.883，$p<0.01$；β_3=0.330，$p<0.01$），但与利润率绩效指标具有显著的负相关关系（ε_3=−5.279，$p<0.05$），这表明在其他条件相同的情况下，创业企业的研发投入越高，企业的销售收入越高，也更有可能不退出市场，但利润率却更低，这部分验证了 H3a。在调节效应模型中，海归与企业的研发投入的交互项与销售收入显著负相关，且系数的绝对值小于主效应模型中海归自变量的系数的绝对值（−0.410 → −0.095，$p<0.1$）；交互项与存活率显著负相关，且系数的绝对值小于主效应模型中海归自变量的系数的绝对值（−0.485 → −0.356，$p<0.05$）；交互项与利润率没有显著相关关系。这说明在其他条件相同的情况下，企业的研发投

入削弱了海归对销售收入和存活率的负向影响，但对海归与利润率之间的负向关系没有调节作用，从而部分支持了H3b。如表3-12所示。

表 3-12　教育程度和研发投入的调节效应

调节变量	In（Sales）		Profit/Sales		Survival	
	单变量	交互项	单变量	交互项	单变量	交互项
Education	负相关显著	正向调节作用显著	负相关显著	负向调节作用显著	负相关显著	正向调节作用不显著
ln（R&D）	正相关显著	正向调节作用显著	负相关显著	正向调节作用不显著	正相关显著	正向调节作用显著

为了更直观地解释调节效应，按照 Aiken 和 West（1991）的方法得到调节效应图 3-3 ~ 图 3-7。图 3-3 表明，无论创业者的教育程度高低，同等条件的海归企业比本土企业的销售收入更低，这表明海归与销售收入存在显著负相关关系；无论创业者是否为海归，同等条件的由低学历（大专和本科）的创业者创建的企业的销售收入高于由高学历（硕士和博士）的创业者创建的企业的销售收入，这表明教育程度与销售收入存在显著负相关关系；同时，当创业者拥有高学历时，海归与销售收入的斜率更平缓，这表明高学历能够减弱海归对销售收入的负向影响，这与前文的论述是一致的。同理，图 3-4 ~ 图 3-6 均得到了与前文回归分析相同的结果，在此不再赘述。

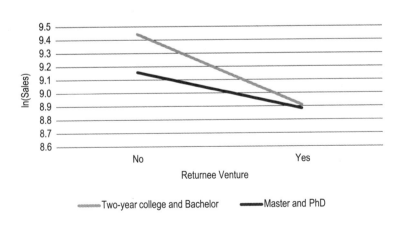

图 3-3　教育程度对海归与销售收入关系的正向调节作用

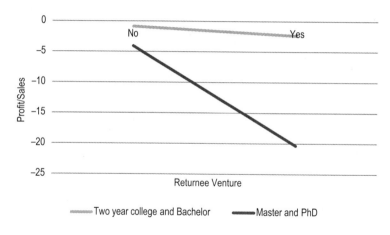

图 3-4 教育程度对海归与利润率关系的负向调节作用

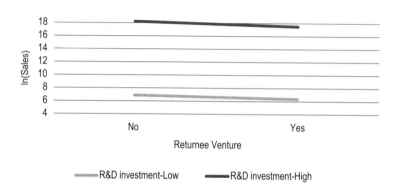

图 3-5 研发投入对海归与销售收入关系的正向调节作用

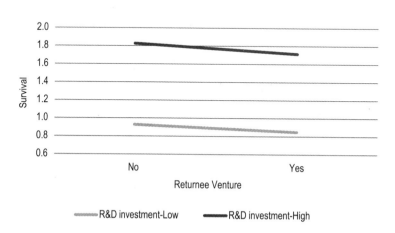

图 3-6 研发投入对海归与存活率关系的正向调节作用

1. 海归的"外来者劣势"对创业绩效的影响

目前，关于海归创业的研究主要从海归的性别、个性、教育背景、工作经历等（Alon et al., 2011）方面关注海归创业者自身的特质，却鲜有关于这种特质可能产生的优势和劣势对于创业绩效的影响的系统研究。笔者采用PSM 配对和回归分析相结合的方法对中关村科技园 2011～2015 年所有高技术企业的非平衡面板数据进行分析，检验了海归身份对于创业绩效的影响，较好地弥补了其他学者在数据和方法方面的不足。

本书首先通过 PSM 配对得到一组包含 756 家海归企业和 587 家本土企业的配对样本，并检验了海归创业者的平均处理效应，结果表明海归在创业经营中并不具有优势。总体来看，海归创业者建立的技术企业与本土创业者建立的技术企业相比在销售收入、利润率和存活率三个绩效指标上均表现更差。为了证明结果的稳健性，笔者还检验了海归与 t+1 期的创业绩效的关系，如表 3-13 所示。结果表明海归与 t+1 期的销售收入、利润率和存活率绩效均不存在显著的相关关系，这也说明海归企业的绩效并不比本土企业的绩效更优。过去的研究表明由于面临"新进入者劣势"，初创企业的失败率通常很高（Eisenhardt and Schoonhoven，1990）。笔者认为除面临"新进入者劣势"的负向影响外，由于海归在海外工作和学习多年，当他们回到快速过渡和变化的母国后，他们对本土复杂的体制和情境的不熟悉及对母国缺乏归属感使他们还会遭遇"外来者劣势"的影响，难以克服情境障碍并获得必要的资源。"新进入者劣势"和"外来者劣势"的双重作用可能会超过海归的优势带来的正向影响，从而最终降低企业的绩效，同时，这种劣势在复杂多变和制度不完善等情境下表现尤为明显。这一结论与 Li 等（2012）的研究结果是类似的。

表 3-13　海归与 t+1 期的绩效指标的关系

	Ln（Sales）$_{t+1}$	Profit/Sales$_{t+1}$	Survival$_{t+1}$
Returnee ventures	−0.1522	0.1779	−0.3528
Education	−0.0510	−2.5496**	−0.3568
ln（R&D）	0.3711***	0.0642	0.4850***
Age	−0.0484	−0.1588	−0.0242
Size	−0.0006***	−0.0043***	0.0010
Industry dummies	Included	Included	Included
Year dummies	Included	Included	Included
Constant	0.7998***	8.9666	−0.8862
Number of observations	655	655	381

2．知识资本的调节作用

回归分析的结果表明企业年龄和企业规模两个控制变量与销售收入具有显著的正相关关系，这说明随着企业年龄的增加和规模的扩大，初创企业在一定程度上可以克服"新进入者劣势"带来的挑战；另外，我们认为"外来者劣势"的负向作用不会随着时间的演进而自然减弱，它依赖于创业者和创业企业对外部情境的主动学习和适应。因此，笔者试图提出可能对"外来者劣势"起到调节作用的知识资本因素。

传统的观点认为，高学历是一种能够正向促进创业绩效的重要人力资本（Liu et al.，2015）。然而笔者的发现是企业法人代表的高学历可能会损害创业绩效，这与前人的研究是相悖的。一种可能的解释是由于高学历的创业者在校园里学习多年，大多不具备丰富的社会经验和创业知识，因此可能缺乏对创业环境进行学习并逐渐融入到环境中去的能力，而这种能力对于初创企业的成功是至关重要的（Zaheer and Mosakowski，1997）。由模型 2b 可以推断，这种能力的匮乏可能增强海归对利润率的负向影响，这与 Mohamad 等（2015）所认为的毕业生的高学术成就与创业意图负相关的观点是一致的。更有趣的发现是，尽管高学历可能损害创业绩效，但模型 1b 的结果表明教育程度能够有效地削弱海归创业者对销售收入的负向作用。这可能是因为与中国相比，发达国家对高学历人才的教育（尤其是创业教育）水平和质量比要高，这使学生在校期间就能参与创业活动并且得到更多的商业知识和经验。因此，相较于本土高学历创业者，海归高学历创业者能够更容易地与重要的本土网络建立联系并且更好地理解母国的社会、文化和制度变革。正如Zhang（2011）指出的那样，美国大学的创业教育不是盈利导向的教育活动，它通过建立完善的实习和培训机制以及提供资本、信息、咨询服务等社会支持体系和平台，从而提升高学历人才的创新能力和冒险精神以及对创业学习环境的参与程度，并掌握创业所必需的技术、社交和管理等多方面技能。Romero（2013）也指出，在欧洲情境下，尽管课堂上的创业教育对于发展创业活动具有重要影响，学生在创业领域的积极互动和参与将使创业学习过程更加有效。因此，高学历人才并不一定能带来更优的创业经营绩效，人力资本优势的发挥依赖于良好的制度和市场化环境（刘青等，2013），而在中国的不完善的制度和市场机制情境下，需要借助良好的创业教育以发挥高学历人力资本对"外来者劣势"的正向调节作用。

同时，笔者发现企业的研发投入与销售收入和存活率两个绩效指标均具有显著的正相关关系，并削弱了海归对销售收入和存活率的负向影响，因此笔者认为，研发投入也是一种能够帮助海归创业者克服其"外来者劣势"、提升创新能力的重要资本，这与其他学者的研究结论类似（苗琦等，2015；Dai and Liu，2009）。另外，实证结果表明研发投入与利润率绩效指标具有显著的负相关关系，且对海归与利润率之间的负向关系没有调节作用。这可能是因为技术产品本身所具有的高投入、高风险的特性决定了从研发投入到创新产出的实现是一个漫长的过程。创业企业并不像成熟企业那样具有丰富资源，其技术创新和研发活动受到资源的约束和限制（刘小元和李永壮，2012）。同时，由于我国知识产权保护的法律制度尚不完善，存在核心技术被竞争对手学习和模仿的风险，与本土创业者相比，海归创业者进行知识产权保护的意识更强（罗思平和于永达，2012），而这都是需要高昂成本的。因此，在短期内研发投入可能会导致利润率的下降，并且难以在克服海归的

"外来者劣势"中发挥作用。还有研究表明，企业在发展初期大多通过内部创新资源的整合进行技术研发（刘小元和李永壮，2012），而从表 3–3 中发现，在所有样本中本土创业企业的研发投入显著高于海归企业，一种可能的原因是本土企业比海归企业更善于与政府、企业、高校和金融机构等建立外部联系，从而通过社会关系和网络而非企业内部获得了大量的研发补贴、项目资助等研发资源，这也解释了为什么研发投入对海归与利润率之间的负向关系的调节作用并不明显。

第四章

**探索性案例研究——海归创业
行为的情境化分析**

前文的分析表明，受"外来者劣势"的影响，海归创业者往往对本土的创业情境存在认知偏差，导致其创业绩效显著弱于本土企业，这一结论与传统的资源基础理论是相悖的。因此，本章试图在前文分析的基础上，围绕海归创业绩效的影响因素进行拓展研究，通过与不同年龄、性别、行业和留学国家的海归创业者进行深度访谈，深入了解海归创业者在早期创业过程中的想法、行为及其背后的出发点和基本逻辑，旨在发现海归创业企业在适应本土生态过程中的困境。本章主要构念之间的关系如图4-1所示。

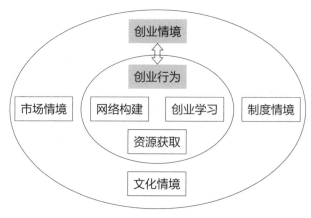

图4-1　本章主要构念之间的关系

第一节　问题提出

Eisenhardt（1989）指出，如果不把研究问题确定好，研究者就会被案例所呈现出的"真实世界"的海量信息所淹没。因此，本章在对创业情境适应的相关研究进行梳理的基础上，访谈了3位创业园区和风险投资机构的负责人。其中，海淀留学生创业园的赵新良主任长期致力于科技企业孵化和创业服务工作，接触了大量的创业成功或失败的海归创业者，而国海创投的投资总监余翔先生和前海泽清资产管理公司的创始合伙人李瀚清先生具有丰富的创业投资经验，是多家海归创业企业的投资人，3位被访谈者对于海归创业企业发展的优势和障碍均具有深入的了解，可以帮助笔者更好地界定研究问题。

对于海归创业者而言，在创业过程中遭受挫折甚至面临失败都是无法避免的（胡洪浩，2014）。赵新良主任指出："很多海归创业者都是怀揣着巨大的创业梦想选择回国创业，他们对于前沿技术保持着高度的敏感和热情，很多创业项目都是可以引领国内技术潮流的。他们被国内的市场和人才所吸引，但是在中国创业很难，海归创业存活率更低。"其原因何在？李瀚清先生认为："海归创业者一开始都想大展拳脚，公司所有的人员机制和管理模式都是按照西方那一套来做的，但是他们对中国市场缺乏了解，不熟悉国内环境，不接地气，这怎么行呢？创业公司一开始最重要的是活下来，而不是把模式照搬过来，做一些面子上的东西。"余翔先生也提道："对我们风投而言，我们做的是价值型投资，主要还是看项目怎么样，团队怎么样。海归在很多方面还是有优势的，如果一个创始人是海归，而且是名校回来的，这会成为加分项，但不是主要项，我们还是要根据项目的具体情况对他进行综合评价。我看过一些海归创业的项目，很多都有种高高在上的感觉，实际上并没有太多有强壁垒的东西，而且海归创业者普遍较年轻，家庭环境也比较好，往往缺少挫折、困难方面的阅历和磨砺。相比而言，本土创业者反而更接地气一些。"他进一步指出："很多服务型产品是通过商业模式的差异化来实现的，商业模式跟当地的经济状况、政策环境、法律环境、人们生活习惯、道德意识等关联很大。有些海归在美国生活了10年，看到美国人生活状态是什么样的，然后回到国内也照着这个状态去做一件事情，但可能并不适用于中国，这个成功的概率是很低的。对技术型产品而言海归是有优势的，我们会结合他的教育背景和所获得的专利等情况来判断。"赵新良主任补充道："技术是海归的优势，但也是他们的弱势。他们一般都是技术出身，不擅长做市场，所以一定要找合作伙伴，通过并购等形式与大的国有企业和私营企业合作，借用它们的牌子打开市场。"基于此，海归创业者可能会面临"水土不服"的风险，这与其难以融入本土创业情境有关。那么，本土创业情境与海外创业情境的差异体现在哪些方面？海归创业企业融入本土情境的障碍有哪些？创业情境如何影响海归的创业行为？与本土创业者相比，这些因素是否有其独特性？这是本章将主要研究的问题。

第二节　理论预设

有学者认为，缺乏预设理论将导致研究者收集的信息过于分散而无法进行有价值的对比分析（王辉耀和路江涌，2012a）。也有学者持相反的观点，他们认为，在进行案例分析时，预设理论会使研究者的视角倾向于某一方面，导致研究结果有所偏差（Eisenhardt，1989）。因此，我们借鉴张玉利和田新（2010）的做法，在没有任何预设理论的前提下，首先选取了一个预言案例（Pilot Case），归纳出研究的预设理论和前导概念，主要集中在创业情境、社会网络、创业学习和资源获取等方面。

1．创业情境

情境是一个跨层次的概念，它不仅包括企业所处的外部环境，还包括相关行为主体的内部环境及其与主体的交互作用（Child，2009）。在微观层面，情境包含信仰系统、交流方式、认知方法等因素；在宏观层面，情境包含社会经济环境和政治、文化、法律体系以及地理和生态因素；在中观层面，情境则包含行业环境和领导风格等因素（张玉利等，2014）。情境是理论研究的基本假设和来源，任何理论或解释均有其隐性假设或情境假设，因此，不应该简单地假设潜在意识和假设具有普遍性（Polanyi，1967）。情境对组织行为具有多重影响，它能够影响现象的表现形式、解释逻辑和程度的高低（Tsui，2004）。学者从不同角度对创业情境进行了分析。例如，Welter

（2011）从总括性视角构建了一个包含商业、社会、空间、制度四个维度的创业情境概念框架。Zahra 和 Wright（2011）则从社会、空间、时间和制度四个维度分析情境因素对创业活动的影响。还有学者强调文化情境维度的影响（蔡莉和单标安，2013）。总体来看，目前对于影响创业行为的情境变量尚比较分散，在学术界未达成一致意见。由于本书选取的案例所处的空间和时间是相对固定的，因此本书在借鉴前人研究的基础上选取市场、制度和文化三个维度来衡量创业情境。其中，市场情境指企业所处的经营环境和竞争环境，体现在技术波动、市场需求、市场竞争等方面（Jaworski and Kohli，1993）；制度情境强调国家或社会以编码形式存在的对创业活动产生影响的法律、法规、政策和契约等（North，1990）；文化情境是社会传统价值观和信念的集合体（Tsui et al.，2007），主要体现在关系利用倾向、行为方式、风险规避等方面。

2．网络构建

社会网络理论在创业研究领域被用于阐释创业活动主体与其他个人或企业之间的相互关系及其与创业活动的相互作用（Bruyat and Julien，2001；Minniti，2005）。网络是一种介于层级和市场之间的组织形式（Thorelli，1986），市场交易具有较强的灵活性和资源优化配置能力，但在信息不对称和不确定性程度较高的情况下，可能存在严重的机会主义行为，从而产生较高的交易成本；层级组织尽管具有良好的分配效率，但可能由于固有的"惯性"而反应迟钝，或由于自身资源不足和企业规模过大而引起高管理成本问题；而网络的形式能够在资源共享和降低交易成本的同时有效地规避风险（周怀乐，2009）。正如 Williamson（1985）所指出的那样，企业组织的市场交易和内部交易都不能完全实现创业企业的经济性功能。因此，建立和维持创业网络是新创企业识别和利用机会、获取信息、资源和社会支持的重要途径（周冬梅，2007）。创业者通过借助自己的社会关系网络来创建新企业，并从社会网络中获得创业所需的信息、资金和情感支持。同时在创业企业成长过程中，组织间弱关系能为创业企业提供支持性服务，创业企业与商业伙伴建立的战略联盟也有利于实现信息和知识的共享，从而帮助其形成竞争优势（单标安，2013）。学者从多个角度对社会网络进行了维度划分。例如，Scott（2012）从网络规模、网络多样性、网络强度和网络地位四个维度对网络进行度量。

3．创业学习

许多研究表明，知识向绩效的转化取决于组织学习的能力，即在编码化、共享化和制度化的过程中获取、吸收和应用外部知识和技术的能力（陈国权，2002）。如今，组织学习越来越多地依赖于组织间广泛的外部关系的知识溢出（曾国军，2009），通过向其他的组织学习来获得组织发展所需要的知识和技能，并将外部知识进行内部化，进而获得经济租金（倪宁和王重鸣，2005）。这种跨组织学习依赖于较强的学习意图，伙伴感知和关系实施能力（Wu and Cavusgil，2006）。基于前人的研究，成熟企业学习强调学习能力或固定的学习程序及惯例，而创业学习则更多地被看作创业者个体的学习，体现为一种过程（单标安，2013）。创业学习是指创业者通过观察他人行为、积累经验（尤其是总结失败的教训）、试错等方式来获取、积累和创造知识的过程（Cope，2005；Hamilton，2011；赵丽缦等，2014）。通常认为创业学习包括经验学习、认知学习和实践学习三种方式，不同的学习方式对创业企业的建立和成长具有不同的影响（Greeno et al.，1996；蔡莉等，2012）。创业者先前在创建、管理企业或相关行业从业时积累的经验在其识别和开发机会以及获取资源等方面起着重要的作用，从而帮助创业者更好地应对不确定性和克服新企业创建过程中遇到的困难，有效摆脱新进入劣势的困境（Politis，2005）。现实中，创业者还会进行认知学习，即通过观察他人的行为来获取和吸收知识，并通过认知过程把所获得的信息与自身既有的认知结构联系起来，对自身的观念、能力进行重组，如模仿他人较为成功的行为、规避他人失败的行为等（Holcomb et al.，2009；Greeno et al.，1996）。同时，创业者还必须通过实践学习来理解和摆脱创业困境，并在实践中不断修正先前掌握的知识和积累的经验，提高利用创业知识的效率（蔡莉等，2012）。

4. 资源获取

资源基础观中企业的竞争优势是企业特有资源和能力的函数（Barney，1991）。许多学者都在试图从资源的视角来解释创业过程以及新企业的战略行为。他们认为创业的过程是不断地投入资源以连续提供产品和服务的过程，在这个过程中创业者需要对资源进行识别、获取、配置和利用（马鸿佳和葛宝山，2008），即确定和识别所需要的资源，获取潜在资源并进行资源匹配和功能增强，最后利用已有资源实施价值创造活动（周冬梅，2011）。资源的优势往往产生于特定的制度情境中，因此，资源的选择和利用要以其赖以依存的内部和外部制度因素为基础（Maurer et al.，2011；Desa，2012）。与成熟的市场经济体相比，中国情境下，创业企业更倾向于首先考虑利用社会关系和网络而非市场途径来解决企业在创建及成长过程中面临的各种资源困境（Zhang and Wong，2008）。这一方面体现在企业需要通过共同进化与共生的创新机制获取与自己的核心能力互补的异质化能力或者资源（Bengtsson and Kock，2000）；另一方面体现在通过网络的建立提高组织被社会所接受和认可的程度，克服新创企业在获取合法性过程中面临的障碍（Zimmerman and Zeitz，2002；杜运周等，2008）。同时，尽管创业者对于个人社会网络的依赖可能会随着企业发展阶段的演进和正式制度的完善而弱化，但在以非人格化的市场交易为导向的正式制度缺失的条件下，企业之间的关系仍呈现出很强的信任、承诺、规范等人格化特征，这作为一种嵌入性的资源影响着关系的质量和企业的绩效（张玉利等，2012）。

第三节 研究设计与研究方法

1. 研究方法选择——多案例研究

案例研究是管理学研究的基本方法之一。案例研究方法适合于基于特定情境的问题研究（Eisenhardt，1989），它以一种更自然的方式对研究现象进行深入探索，更关心研究问题的过程以及人、事、物与情境之间的互动（Patton，1990；张玉利和田新，2010）。海归创业问题是基于我国本土情境的新现象，相关理论仍然十分有限，需要通过归纳法来建立理论（Inductive Theory Buidling），从而回答"怎么样"和"为什么"的问题（Eisenhardt，1989；Yin，2013）。

与单案例研究相比，多案例研究方法可以通过收集多个案例的实证数据以及案例之间的对比分析来验证或推翻某一结论，从而提高研究的外部效度，并产生更精准和普适性更高的理论（Eisenhardt and Graebner，2007；王辉耀和路江涌，2012）。本章的研究目的之一是构建关于海归创业融入本土生态的影响因素的可验证的理论框架，进而为后续的基于大规模样本的实证研究打下基础。因此，本章遵从复制法则（Replication Logic）（Yin，2013；陈燕妮和王重鸣，2015），采用多案例研究方法探索本土创业情境与海外创业情境的差异，以及海归创业企业融入本土生态的行为和障碍。基于前人所建立的案例研究的原则、步骤和方法（郑伯埙和黄敏萍，2012；王辉耀和路江涌，2012b），本章将主要按照以下步骤进行分析研究：

（1）总结前人的研究、报道和采访信息，提出研究问题；

（2）挑选预研个案进行探索性研究，并从中找出可能的前导概念，进行初步的理论构建，并优化访谈提纲；

（3）展开多案例比较研究，采用多元化的数据来源和数据收集方式对质化和量化的资料进行收集和分析。

2．案例选择

本研究选取 8 家海归创业企业作为研究对象。具体选择标准包括：

（1）**企业创始人、联合创始人或创业初始团队的其他核心成员为海归。**本章选取的海归在国外留学或工作的时间都在 4 年或 4 年以上。一般来说，海归在海外经历的时间越长，对西方制度、思想和文化的了解也越充分，受其影响往往也越大，因此，他们在创业过程中更容易感受到本土与海外情境的差异，适应本土情境的过程也可能存在更多的障碍。

（2）**企业成立时间在 5 年以下。**通常来说，成立时间在 3 年以下的企业尚未度过最初生存风险极大的探索期（董洁林，2013），对海归企业而言，这是融入本土情境最关键也是最艰难的一个时期。因此，本研究选取的其中 7 家企业成立时间都在 3 年以下。另外，由于生物医药行业研发和商业化周期都较长，与其他行业相比，前期面临的风险更高。因此本研究选取的 1 家生物医药企业成立时间在 5 年以下。选择创始初期的海归企业更容易发现企业融入本土生态的障碍和困境，而创业时间较长的案例，创业者对创业初期的细节已经印象模糊，而且当下的创业情境已经发生了巨大变化，信息的时效性较差（王辉耀和路江涌，2012b）。

（3）**遵从多案例研究的复制性法则。**为了能够在多个访谈的基础上提出普适性的规律，本章在首个创业失败的预研个案的基础上，所选择的案例聚焦于不同年龄和不同教育、工作背景的海归创业者，以及不同行业、规模和发展程度的海归创业企业，以便相互补充和交叉验证。但整体来看，这些样本所处的行业均为知识密集型行业，这使海归创业者从海外获得的知识和技术优势能够得到充分体现（王辉耀和路江涌，2012b）。同时，本章没有选择生存型创业 [①]，所有被访谈者都是因为看到创业机会并受内心的创新梦想所驱动才选择创业，并在技术、产品或商业模式等方面有一定程度的创新。笔者

---

① 张玉利和田新（2010）、董洁林（2013）等的研究将创业者分为生存型和机会型两类。前者通常把创业作为一种被动选择，他们大多因为找不到其他更满意的工作，只能依靠创业为自己的生存与发展谋求出路；而后者则把创业作为其职业生涯的一种主动选择，具有大商机、高成长特征，在某种程度上将可能提升国家和地区的就业、经济和技术水准，甚至催生新产业的诞生。

认为，机会型创业更符合大多数海归创业者的创业动机和行为规律，而生存型创业往往需要更特殊的行业和背景以及更多的资金支持，更不具备代表性（张玉利和田新，2010）。

（4）**资料获取的便利性和准确性**。有学者研究表明，在案例访谈过程中，大多数被访谈者可能存有戒心，他们更愿意分享成功经验，而对于那些失败的、尴尬的经历则可能表达得不够真实，或带有某种程度的修饰（张玉利和田新，2010）。为了尽可能获得海归创业者在创业过程中的真实经历和感受，本研究借鉴张玉利和田新（2010）以及 Granovetter（1985）的研究方法，不采用随机抽样的方法选择研究对象，也没有直接访谈熟悉的创业者，而是借助研究者自身的关系网络，通过朋友的引荐寻找合适的访谈对象，选择属于弱连带的人际网络①。这样，一方面被访谈者不会轻易拒绝访谈要求，另一方面又可避免研究者过多地嵌入被访谈者的情境中导致先入为主的弊端，从而在研究者和被访谈者之间形成一种良性的"信任的陌生人"状态。

3. 数据收集

本章的主要数据来源包括：企业档案资料、内部刊物、宣传册、外部公开文件和经营数据、官方网站、公众号、出版物和相关新闻报道等；访谈；通过参观企业的办公室、参加企业的会议等活动进行参与式观察；从企业的上下游客户及供应商等方面获取相关信息；通过后续的电子邮件、电话、微信语音等非正式渠道获取信息。通过多层次和多元化的数据收集来源和方法获得的信息所形成的三角验证能够有效地避免潜在的信息偏差，增强研究结果的准确性（Jick，1979）。

最为重要的一手数据来源于开放式访谈和半结构化访谈。考虑到在创业

---

① Granovetter（1985）将人与人的关系分为强连带、弱连带和无连带三种。关系强度从认识时间长短、互动频率、亲密性以及互惠性服务的内容四个方面来衡量。亲戚、同事是一种典型的强连带；有一定交往但联系不十分密切的人际关系为弱连带；缺乏互动的点头之交为无连带。通常来说，流向个人的新信息往往是通过弱连带进行的。因此，相较于强连带，弱连带更有利于信息传播。

早期，创始人或创业团队核心成员的态度、观点和行为在很大程度上能够代表创业企业，笔者选择海归创始人或合伙人作为被访谈对象（王辉耀和路江涌，2012b）。首先，在没有任何预设理论的前提下选取了一个预研个案 A。个案 A 是第一家被访谈的创业企业，由于被访谈者时间比较充裕，可以保证访谈质量和访谈内容的丰富性，同时该创业企业在 2016 年初已经退出市场，因此被访谈者拥有大量的创业失败素材，对海归创业者如何适应本土情境这一问题也具有较为深刻的认识，因此本章将案例 A 作为预研个案。通过完全开放式的访谈，笔者详细了解案例 A 在发展过程中的关键事件，进而归纳出可供后期其他访谈参考的前导理论、概念和框架，并设计和完善了访谈提纲。基于这一提纲，笔者采用半结构化访谈方式的方式对其他 8 位海归创业者进行了深度访谈。首先，了解了海归创业者的年龄、回国时间、工作和教育背景以及创业企业的成立时间、主营业务、财务状况等基本信息，进而从创业网络建立、创业学习、资源获取、与供应链上下游的合作、创新等方面展开更加深入的访谈。还对创业园区和风险投资机构进行了 3 次访谈，一方面帮助我们更加精准地界定研究问题，另一方面增加了信息来源的渠道，从而达到相互印证的效果。

为保证访谈质量，在访谈之前就将研究目的和保密义务清楚地告知被访谈者，打消其担心泄露商业机密的顾虑；尽可能采用轻松愉悦的方式引导话题，使被访谈者愿意畅所欲言，并尽可能回到事件发生时刻的状态。当被访谈者的陈述较为简短时，会被要求其分享更多的细节。考虑到创业者工作繁忙，对每位创业者的访谈时间平均保持在 90 分钟左右，在经过访谈者同意后对整个访谈过程进行现场笔记和全程录音。对于初次访谈中记录不清楚、不完全的地方，会进一步通过邮件、电话和微信语音的方式予以确认，并在后期将访谈的内容逐字转化成文本，最终共得到 85 页约 12 万字的文本。资料的具体收集路径和访谈的基本信息如表 4-1、表 4-2、表 4-3、表 4-4 所示。

表 4-1　案例资料来源及收集方式

资料类型	资料来源	资料获取时间	资料获取方法及目的
一手资料	完全开放式访谈 半结构化访谈 参与式观察 非正式渠道	2016 年 6 ~ 11 月	访谈 3 位创业园区和风险投资机构负责人，界定研究问题； 对 1 位创业失败的海归进行开放式访谈，确定研究框架和访谈提纲； 对 7 位海归创业者进行半结构化访谈，归纳研究结论； 参观企业的办公室和展厅、参加企业的会议以观察企业的行为； 通过电子邮件、电话、微信语音等方式对访谈信息进行补充
二手资料	企业内部刊物、宣传册、外部公开文件和经营数据、官方网站、微博、公众号、出版物和新闻报道等	2016 年 3 月至 2017 年 3 月	通过公司网站、百度、CNKI、微博、微信公众号等搜索企业的相关介绍、新闻报道和学术文献，了解其主营业务、主要产品、与供应商的合作、客户满意度、创新情况等，我们定期对数据进行更新，以保证数据的实时性和准确性

表 4-2　本书访谈的海归创业者基本信息

序号	日期	访谈时间	受访者	性别	年龄	职位	学历及专业	所在国家	海外时间	采访地点
1	2016 年 9 月 24 日	14：00 ~ 16：10	DR	女	29	联合创始人 /CTO	计算机硕士	美国	5 年	望京广顺南大街咖悠咖啡
2	2016 年 9 月 27 日	14：00 ~ 16：23	HQT	男	29	创始人 /CEO	计算机硕士	美国	5 年	清华东路艺海大厦
3	2016 年 9 月 28 日	13：00 ~ 14：52	LBW	男	26	创始人 /CEO	计算机硕士	美国	7 年	大望路阳光 100 优客工场
4	2016 年 10 月 11 日	14：30 ~ 15：42	ZF	男	32	创始人 /CEO	建筑学博士	美国	7 年	上地中关村创业大厦
5	2016 年 10 月 15 日	20：40 ~ 21：52	LHS	男	30	创始人 /CTO	计算机硕士	美国	6 年	电话访谈
6	2016 年 10 月 17 日	15：30 ~ 16：45	WSF	男	59	创始人 /CEO	医药学博士	美国	31 年	亦庄生物医药园区 B7 咖啡
7	2016 年 10 月 18 日	10：00 ~ 11：37	LTZ	男	27	创始人 /CEO	体育管理硕士	美国	3 年	上地中关村创业大厦咖啡厅

序号	日期	访谈时间	受访者	性别	年龄	职位	学历及专业	所在国家	海外时间	采访地点
8	2016年10月18日	13：00～15：04	RL	男	34	创始人/CEO	计算机硕士	瑞士	14年	上地中关村创业大厦咖啡厅

表4-3 本书访谈的创业园和风投机构基本信息

序号	日期	访谈时间	受访者	单位	职位	采访地点
1	2016年7月8日	15：30～17：10	ZXL	海淀留学生创业园	主任	上地中关村创业大厦第一会议室
2	2016年9月16日	19：00～19：25	LHQ	前海泽清资产管理有限公司	创始合伙人	电话访谈
3	2016年9月22日	14：00～14：38	YX	国海创新资本管理有限公司	投资总监	马家堡天路蓝图大厦

表4-4 访谈的主要问题和提纲

主要问题	访谈提纲
创业者情况	在公司担任的职务、留学或工作的国家、时间、回国时的年龄、学历、专业、主要工作经历（有无创业经历、与目前创业是否相关）、有无专利论文、创业动机、创业团队、为什么回国等
公司介绍	时间、地点、行业、主营业务、有无过海外业务、有没有风投和政府补贴、所属园区、目前的盈利状况、是否上市、估值、员工数量等
海归回国创业的主要优势	例如能更好地利用海外关系、在高科技等行业更具优势、企业运作更规范、更容易得到风险投资和政府补贴、更容易在海外上市、更容易组建创业团队等
海归回国创业遇到的主要问题	例如不熟悉环境、市场运作不规范、过于复杂的人际关系、有关部门机构办事效率低、缺乏创业资金来源、缺乏相应的人才资源、知识产权保护意识薄弱、子女上学难等
情境适应	本土情境与海外情境的差异有哪些？哪些东西是国内特有的？是否有本土化改造
创业学习	对本土市场、政策、科研实力是否了解？通过哪些渠道了解的？从什么渠道获得创业知识和行业信息
本土社会网络	是否参与过本土的社团、商会、行业组织、校友会、同学会、创业园区组织、海归访问团等？与本土的政府、企业、高校金融机构、中介机构等是否有联系？参与这些网络带来了哪些好处？与本土组织合作的时候遇到哪些障碍

主要问题	访谈提纲
资源获取	目前公司的发展"瓶颈"是什么？最缺少哪种资源？如何获取资源？客户、人力、资金、技术、信息、社会资源等
创新情况	技术是否前沿？新的商业模式？突破性还是渐进性？新产品、专利等

4．数据分析

（1）**信度和效度检验**。笔者认为，在创业初期，创业者个体的行为在一定程度上能代表创业企业的行为。因此，本章将分析对象界定为海归创业者个体，分析单元限定在某个具体问题或事件的过程或结果。Yin（2013）指出，为保证案例研究方法的可行性和结论的真实性，在进行编码内容分析之前必须进行规范性和严谨性控制。内容分析的信度是指不同编码人员将内容归入相同类目中所得结果的一致性程度（许晖等，2013）。笔者从所有文本中随机抽取了10%作为前测样本，由课题组另外一名成员按照编码要求，依次进行完整的三级编码，并依据 Holsti（1969）提出的内容分析法相互同意度及信度公式对笔者与另外一名编码人员所得的前测编码结果进行计算。计算结果表明，内容分析平均相互同意度（K=0.847）和分析者信度（R=0.905）均大于 0.8，这表明笔者与另外一位编码人员归类的一致性程度较高，达到了基本的信度要求[①]。为保障研究的内外部效度，根据 Yin（2013）提出的分析推广逻辑建立"关键词—引用语—命题—模型"的证据链，首先，由创业过程提出前导概念，尝试对其创业过程的因果关系和内在机制进行阐述并提炼出初始模型。再遵从复制逻辑原则进行案例间比较分

---

① 内容分析法相互同意度及信度公式：

$$R = \frac{n \times \overline{K}}{1 + (n-1) \times \overline{K}}, \quad \overline{K} = \frac{2 \sum\limits_{i=1}^{n} \sum\limits_{j=1}^{n} K_{ij}}{n \times (n-1)}, \quad K_{ij} = \frac{2M}{N_i + N_j}$$

其中，R 为分析信度；n 为参与分析人员的数量；$\overline{K}$ 为分析人员平均相互同意度；K_{ij} 为分析人员 i 与分析人员 j 相互同意度；M 为分析人员 i 与分析人员 j 意见一致的项数；N_i 为分析人员 i 做出分析的总项数；N_j 为分析人员 j 做出分析的总项数（Holsti，1969）。

析，以检验初始案例研究的结论在后续案例中的适应性，在此基础上对初始模型进行改进。具体策略如表 4-5 所示。

表 4-5　保证案例研究信效度的策略

信效度指标	案例研究策略	策略发生阶段
信度	采用案例研究草案 建立案例研究资料库：确保重复研究的相同结论 检验归类一致性指数和分析者信度	研究设计 数据收集 数据分析
构念效度	多元证据来源：一二手数据相结合 证据链：关键词—引用语—命题—模型 报告核实：交由企业相关人员阅读及审核	数据收集 数据收集 数据撰写
内在效度	模式匹配：研究结论与概念模型相匹配 分析与之相对立的竞争性解释	数据分析 数据分析
外在效度	用理论指导单案例研究 通过复制的方法进行多案例研究	研究设计 研究设计

资料来源：许晖等（2013）。

在整个过程中，笔者忠于所收集到的数据，并由笔者与课题组另外一名成员对关键构念的理解进行交叉检验，同时运用图表来展示概念之间的关系，使分析过程更有条理（Miles and Huberman，1994）。例如，笔者根据海归创业者的描述，编制关键事件表，将文本中所包含的与关键事件有关的内容整理归类，穿插到事件表的对应位置。在进行数据分析的同时，笔者还不断地对现有的理论和文献进行回顾，将构建的理论模型与前人的研究进行对比，以化模型组件定义和提高抽象化水平（Eisenhardt，1989），并尽可能增加客观数据的来源，以对关键构念进行更加清晰和明确的测量，从而最大限度地降低由于笔者的主观认识造成的偏差（毛基业和苏芳，2012）。通过采纳多元观点，从多资料源获取资料，多方寻找支持与对立论据，互相校准，以形成坚韧的理论与命题。

（2）**构念测度**。本书对创业情境的测量构念包括市场情境、制度情境和文化情境三个维度，其中，市场维度是通过消费者偏好、市场竞争和技术变化程度来测度；制度维度是通过法律、法规、政策、契约和政府干预行为来测度；文化维度是通过治理方式、关系利用倾向和行为方式来衡量。创业网络包括网络异质性和网络强度，通过网络节点的类型和联系的紧密程度来测度。创业学习包括经验学习、认知学习和实践学习，如果创业者是基于个体本身的经验来获取或创造新知识则认为是经验学习；认知学习强调通过观察他人的行为或结果形成对自身有价值的知识；实践学习则注重在特定的情境中通过实践活动来学习或创造新知识。资源获取包括互补性资源、嵌入性资源和合法性资源。其中互补性资源是指企业为了将产品或服务推向市场所必须依存的分销渠道、服务能力、客户关系、供应商关系及互补性产品等；嵌入性资源通过企业与合作伙伴之间的信任程度、承诺和关系专用性投资来测度；合法性资源指企业被外界认可或接受的程度（Welter，2011；Zahra and Wright，2011；蔡莉和单标安，2013）。

（3）**数据编码**。数据编码的过程首先由笔者对案例材料进行整理并通读材料，然后进行渐进式编码，在编码时以预设理论和构念为参考依据。编码方法如下：

第一步，根据企业对象的不同对来自8家企业的资料数据分别用A、B、C、D、E、F、G、H代号进行初级编码；根据数据来源的不同，将一手访谈资料统一编码为F（如AF1、BF2等），同一名被访谈对象所表达的相同或相似的意思计为1条条目；将二手数据统一编码为S（AS1、BS3等），通过对第一、二手资料的初始编码，得到了包含523个条目的条目库。

第二步，对创业情境、网络构建、创业学习、资源获取这4个构念进行二级编码。笔者与课题组两名成员编码一致的条目可直接进入构念条目库，对于意见不一致的条目，经两人讨论并咨询导师意见后确定将其删除或归入构念条目库。经过二级编码，共剔除了7个初始编码条目，最终确定516个二级编码条目。

第三步，对创业情境、创业网络、创业学习和资源获取构念下的二级子构念进行三级编码。其中，创业情境根据市场情境（W11）、制度情境（W12）、文化情境（X13）三个二级子构念进行编码；创业网络根据网络异质性（X11）、网络强度（X12）两个二级子构念进行编码；创业学习则根据经验学习（Y11）、认知学习（Y12）、实践学习（Y13）三个二级子构念进行编码；资源获取根据互补性资源（Z11）、嵌入性资源（Z12）、合法性资源（Z13）三个二级子构念进行编码。经过第三步的编码，剔除了14个初始编码条目，最终确定了502个三级编码条目。如表4-6所示。

表4-6 构念测度的关键词举例及编码条目数

构念	子构念	关键词举例	编码	条目数
创业情境	市场情境	基础差、不规范、速度快、消费水平、消费偏好、产业链、恶性竞争、价格战等	W11	61
	制度情境	法律、知识产权、政策、政府干预、合同等	W12	47
	文化情境	表达方式、关系导向、人治、契约、追求个性等	W13	57
创业网络	网络异质性	合伙人、家庭、同学、风投、政府、孵化器、大学、研究机构、供应商、生产商、事务所等	X11	43
	网络强度	经常、很少、密切、偶尔等	X12	29
创业学习	经验学习	经验积累、陌生领域、相关行业经验等	Y11	34
	认知学习	拜访、标杆、同行、书籍、聊天等	Y12	54
	实践学习	反思、提炼、改进、修正、"干中学"等	Y13	38
资源获取	互补性资源	人才、资金、信息、渠道、技术、专利等	Z11	57
	嵌入性资源	信任、承诺、专门投入、共享、抱团等	Z12	49
	合法性资源	口碑、认证、认可、刷脸、公众印象等	Z13	35

第四节 案例分析与主要发现

1. 预研个案

A公司成立于2014年底，是一家提供基于移动互联网的O2O洗衣服务产品的创业企业。A公司的三个创始合作人都是海归，其中，a先生为创始人兼CEO，出生于1990年，美国某名校工商管理专业本科在读，于2014年年底辍学回国创业；b先生为联合创始人兼COO，出生于1991年，美国某名校工商管理本科毕业，毕业后直接回国，无工作经验，为创始人 a 的高中同学；我们采访的 c 女士是 A 公司的联合创始人兼 CTO，出生于 1987 年，美国某名校计算机专业硕士毕业，于 2015 年 4 月加入该公司。加入该公司前在美国亚马逊从事软件开发工作两年，回国后在百度担任产品经理一年，经朋友介绍认识 a 先生后以技术入股的方式加入公司。2015 年初，A 公司资金链断裂宣布退出市场。以下是 c 女士对 A 公司发展过程的描述：

"我们的创始人在美国读大三的时候，看到美国那边有一个叫 Washio 的洗衣软件，当时国内还没有类似的东西，'e 袋洗'也才刚刚开始，于是他觉得市场前景广阔，就辍学回国创业了。我们创业那段时期是双创口号喊得最响的一段时间，特别振奋人心，我们打算大干一场，但是困难比我们想的要多。

我的两个合伙人都不是技术专业出身，本科就出国留学了，且都没有工作经验，对国内的环境完全不了解。我虽然在百度做产品经理，但是做的产品是 B2B 的，是做广告数据的，而现在做的是一个 B2C 的产品，我也没有任何经验。我的两个合伙人的家里都很有钱，我的家境也很不错，他们家里出了 150 万元，我没有实际出资，是技术入股。我们都是天津人，所以公司位置也选择在天津了。'e 袋洗'的定位是白领阶层，为了形成差异化，我们最初只想做高端用户的高附加值的服务，所以我们花了很多钱在物料上。'e 袋洗'用的那个送衣服的袋子其实成本是很低的，但我们的袋子一个成本就高达 10 元钱，西装袋就更高端了。但后来发现，实际上，一开始我们就远远高估了国内的市场需求。因为我在美国的时候几乎每件衣服都是拿到洗衣店洗的，没想到国内的人不是这样，大多数人都是只把冬天的羽绒服和羊绒大衣拿到洗衣店的，以天津的这种消费水平就更是如此了。我们也不知道该怎么做，就天天看网上那种做 C 端业务的文章，基本模式就是靠走流量。我们想虽然利润率降下来了，但是如果流量多，就算不赚钱，投资人只要看到我有这么多用户，也会给我们钱砸的。所以我们就一直砸数据，一直赔钱，结果两个月就把钱用完了。我们都没有财务背景，也不知道财务背景有这么重要，然后钱就被我们没有计划地花光了。

我们之后去了中关村的车库咖啡这些地方找风险投资，那段时间是创业很火的时候，钱是很好拿的，加上我的合伙人家里有很多人脉，都去帮他推荐。不得不说，我的合伙人家里确实在资源、人脉和思想意识方面帮了很多忙。比如我的合伙人在知识产权保护这块就做得挺好，申请了好多专利，还在报纸和党刊上刊登一些美文，不管有没有用，至少有这个意识。那时候我们连商业计划书都还没有写好，就有很多风投来找我们了。这些风投都是国内的一些'土鳖'风投，我心想我既有国内一线公司的经验，也有国外一线公司的经验，而且我在美国就读的学校背景较好，就算我不主动去找风投公司，光凭我的这个背景也肯定能拿到风投，所以我一心想拿知名风头的钱，就把小风投拒绝了。随后我们又去找了一些比较高端的风投，结果人家不是说我们太年轻，不信任我们，就是说一些客套话搪塞过去了。我们都习惯了西方那种比较直接的表达方式，这种委婉拒绝我们一开始都是听不出来的。也有一些孵化器联系过我们，给我们提供办公室，占我们点股份，然后提供帮助。再就是政府也有一些补贴可以申请，但当时我们太眼高手低了，觉得政府的钱太少，于是没去申请。我的合伙人继续写商业计划书找别的风投，但是他不着急，也不太适应国内这种创业节奏。国内发展速度是很快的，他不明白有时候应该为了速度而去牺牲一下质量，这事你做到 80 分、60 分可能就够了，但是他花很多时间做到 100 分，这让我们无论是融资还是做任何事情都特别慢，商业计划书写了三个半月才写完，这时候资本寒冬已经来了，没有风投再愿意给我们钱，连之前被我们拒绝的小风投都不理我们了，而且我们的竞争对手'e 袋洗'已经拿到了新一轮风投，我们彻底干不过他们了。

我们在运营这块问题也很多。比如，我们很难招到优秀人才。名校毕业生都愿意去大公司，除非我们给的待遇比 BAT 高很多，但是我们的钱本来就不够了。我在国内也只工作了一年，职位也不是很高，不可能像有些级别很高的创业者那样一下子把手下的一个团队挖走。有些海归在国内的本科学校很牛，他在国外这几年，他的本科同学都已经在各大公司做得很好，所以一回来就可以拉着本科同学组建团队。但是我的两个合伙人都在国外读的本科，而我本人读的本科并不好，所以我们都缺乏优秀的人脉组建团队。另外，有些背景没那么好的人想来公司我们又看不上他们，找外包公司我们也觉得他们水平太差，我们其实一开始还把一部分技术外包给天津大学的一个教授，结果他写的东西根本不是我们想要的，所以我们非常不信任别人，而且觉得自己学习能力挺强的，所以最后什么事情都得自己干，进度就会很慢。当时为了招人还特意在北京租下一个特别贵的办公室，心想如果人家来应聘看到我们办公室很破，一定觉得我们未来没有发展，但是现在想想觉得这个真的不是关键因素。

还有，我们招的送衣服的人，大概有十几个，大都文化程度不高，素质也很差，他们之间的相处是靠'江湖义气'，比如说大家一起抽根烟，聊很多家长里短。我的优越感挺重的，完全不知道怎么跟他们打交道，总是吵架，这跟我在百度做产品经理的时候与团队成员的相处方式是完全不同的。我的合伙人倒是跟这些人相处很融洽，他们有问题会直接反馈给他，但是他每天花太多时间跟这些人在一起，而且他不知道他们好多人都是在算计他的钱呢，所以当时倒贴了很多钱，他们有时会在系统里刷单，耍各种心机，我指出来，我的合伙人却不相信。我觉得我们当时的组织架构是有问题的，根本不能避免这些问题的发生。团队之间合作的流程也不清楚，大家各干各的，也不爱跟别人分享，好多事都做重复了。我之前在美国公司各种工作流程都很清楚，在中国企业就是什么都得自己蹚道，会很主观。

我们在融资过程中也跟很多投资人聊，然后发现其实我们的背景并不太适合这个行业。我们做的东西技术门槛不高，是一个以业务为主的东西，是需要我们充分了解C端客户和中国市场的每一个细节的。中国和美国的消费者心态确实差异很大，加上我们本身家境很好，即使在运营上亲力亲为，也并不能完全体会工薪阶层的消费心理。我本来觉得天津市场小，想主打北京市场，可是我的合伙人都觉得天津消费水平挺高的，也没有认真地去调研，他们都是富二代，怎么可能知道普通老百姓是怎么生活的呢？事实证明，我们选在天津真是大错特错。天津确实是需求跟不上。一开始我们也是想用优惠券吸引很多黏性用户，先让他试用第一次，结果大家试用完就不会再继续用了。美国人你不做任何限制他都不会占你便宜的，但是中国人总是找各种各样的方式占便宜，所以中国企业发优惠券的时候总是设计一些很细节的限制和方法机制，去引导这些占便宜的人，但美国那边的企业发优惠券的方式很单一，结果就会让中国人钻漏洞。我们当时并不了解这些爱占便宜的人的心态。后来发现我们追求的那些品质上的东西完全没有意义，你从80分提高到90分，都不及人家价格便宜5毛钱来得实在。

我们在技术上也是一味追求高端，老爱用新的技术，框架都是国际领先的，但后来发现其实在中国最重要的是快，根本用不上100分的东西，60分就够了，先把系统搭起来后面再慢慢迭代，就算一开始有很多bug后面也都慢慢改了。我们用新的技术的问题在于你找不到人在上面继续开发了，就完全脱节了。

还有就是我们对国家政策也是一无所知。比如反腐，以前洗衣业的大客户都是公司给员工发洗衣卡，现在都没有了，所以整个洗衣行业本来也在萧条，但是我们却不知道这件事情，所以我们干起来之后才发现这个盘子其实本身已经很小了。当时完全可以跟B端合作，利用它们的渠道打开市场，但那会儿完全不清楚这些。一些风投曾经给过我们建议，但是我们没有鉴别信息的能力，一味地听信他们，其实国内很多风投质量并不高，喜欢听故事，听噱头，而忽略了商业的本质，我们实际操作过之后发现并不可行。

总之就是很多信息不对称，之前在百度还能听到周围的同事天天讨论创业的事情，但在国外的时候就听不到这些，根本不知道国内的形势。"

2．多案例比较研究

在预研个案的基础上，接下来我们又访谈了7家海创业企业。表4-7概括了这8个案例的基本情况。

表 4-7 案例企业基本情况

案例	企业名称	创立时间	创立地点	业务类别	员工数量	盈利状况	风险投资	政府补贴
A	悟净生活	2014 年底	天津	洗衣服务 O2O	3	资金链断裂退出市场	无	无
B	车领科技	2015 年 5 月	北京	车联网	15	开始盈利	无	无
C	小站教育	2016 年 4 月	北京	网络编程教育	2	尚未盈利	天使轮	无
D	众清科技	2015 年 2 月	北京	空气净化器	26	盈亏平衡	A 轮	有
E	路擎	2015 年 6 月	深圳	二手车供应链	15	尚未盈利	Pre-A 轮	无
F	罗诺强施	2011 年 9 月	北京	医药制剂	12	盈亏平衡	无	有
G	微动体育	2015 年 8 月	北京	体育留学咨询	4	开始盈利	无	有
H	途伴云游	2015 年 5 月	北京	定制化境外旅游	12	尚未盈利	Pre-A 轮	有

3. 创业情境

（1）**市场情境**。在中国市场上，消费者的消费心态和需求层次、产业基础和商业模式以及技术变革的速度等都与国外市场具有明显差异。总体来看，中国市场的人才成本和生产成本低的优势依然存在，供应链相对完善，为产业发展奠定了一个良好的基础。例如，赵飞指出："国内的人才成本和生产成本都比美国低很多，供应链便利，我们做硬件缺一个部件可能在东莞周边总能找到供应商，那我到硅谷的话那就不一样了，就要飞到中国来找。"但是，与发达国家相比，我国大部多数产业发展的基础依然相对薄弱，市场体系尚未成熟，市场运作不规范，消费者对价格的敏感度较高，这也催生了一些基于中国特色的商业模式。"国内企业给我看的都是过时的设计""国内的创新制剂辅料、设备和在法规上比起国外还有差距""国内消费者的付费意愿很低""中国人总是找各种各样的方式占便宜""消费者还是更愿意买便宜货"。同时，相比之下，国内发展速度较快，竞争也更激烈，与竞争环境的关联程度也更高。"国内速度很快，我们才做一年，现在已经有两三家跟我们的产品外形几乎一样的产品了""我的合伙人不太适应国内这种创业节奏""美国更多关心的是自己的产品怎么样，在国内可能每个月都要分析一下市场"。市场情境构念的典型资料举例如表4-8所示。

命题1：国内与国外的市场情境具有显著差异，体现在国内产业基础薄弱，市场体制尚不完善，消费者消费水平较低，对价格的敏感程度很高，市场竞争激烈，技术变革速度快等。

表4-8　市场情境构念的典型资料举例

构念	子构念	典型资料举例
创业情境	市场情境	"我们远远高估了国内的市场需求，我在美国的时候几乎每件衣服都是拿到洗衣店洗的，没想到在国内大多数人只把冬天的羽绒服和羊绒大衣拿到洗衣店，以天津这种消费水平就更是如此了。"（段然） "消费者还是更愿意买便宜货，消费者对创新的议价空间比较小，所以就有了'小米'、'滴滴'、'e袋洗'、美团这种中国特色的商业模式的兴起。"（ZF） "中国的企业对购买软件付费意愿非常低，什么都喜欢用免费的。"（LHS） "至少在我们车联网这个方向上，我觉得国内企业给我看的概念都很次，专业性很差，我去它们的网站看一看，都是2000年、2001年的2.0时代的设计。"（HQT） "国内外的产业结构很不一样的，国外的体育行业收入会比较明确，版权门票赞助商这些是比较稳定的，国内的话98%来自赞助商，是一个畸形的产业，但又是一个国内的特色。"（LTZ） "国内的创新制剂辅料、设备和在法规上比起国外还有差距。整个行业不规范，因此研发的成本很低，做得很快。"（WSF） "国内的人才成本和生产成本都比美国低很多，然后供应链便利，我们做硬件缺一个部件可能在东莞周边总能找到供应商，那到硅谷的话那就不一样了，飞到中国来找。"（ZF） "我在瑞士也有企业，相比之下，中国的同行很多，速度快很多。"（饶良） "国内速度很快，我们才做一年，现在已经有两三家跟我们的产品外形几乎一样的产品了。"（ZF）

（2）**制度情境**。目前，我国缺乏成熟的合同法和财产法等正式制度；同时，相关法律法规在实际操作过程中的执行力不足，难以有效地规制企业的行为。例如，魏世峰指出："上游供货商总是有赖账或者寄错东西的事，也没有法律能约束这个事，只能自己吃亏。"LTZ也认为："政策落实得很差，说是给我落户口，到现在也没落，居住证之类的想要办但是推进得也很慢。"尤其是知识产权保护方面的法律、制度的缺失导致的恶性竞争。"早已

经是司空见惯的事，最后只能拼成本、拼价格。"总之，我国的政策和制度稳定性较差，同时企业运作可能受到制度和政策环境的正向或负向的双重影响。例如，DR和ZF均指出反腐政策使政府和企业集中采购的数量大幅度减少，而WSF则指出政策的制定规范了医药市场，为高端企业的发展提供了契机。另一方面，也有创业者认为政府在产业规划、项目审批和资源配置等方面的主导权干预了市场的公平竞争。

命题2：我国制度建设起步较晚，知识产权保护、合同法和财产法等正式制度尚不成熟，我国的转型经济体特征使制度和政策的稳定性和执行力较差，同时政府干预影响了商业市场的公平竞争。

表4-9 制度情境构念的典型资料举例

构念	子构念	典型资料举例
创业情境	制度情境	"上游供货商总是有赖账或者寄错东西的事，也没有法律能约束这个事，只能自己吃亏。"（WSF） "山寨和缺乏知识产权保护这些已经是司空见惯的事了，结果就是导致恶性竞争，最后只能拼成本、拼价格。"（ZF） "知识产权意识很薄弱，还有就是政策落实得很差，说是给我落户口，到现在也没落，居住证之类的想要办但是推进的也很慢。"（LTZ） "政策对我们影响很大的，比如反腐这个事，以前洗衣业的大客户都是公司给员工发洗衣卡，现在都没有了。"（DR） "参加过两次高新企业认证宣讲大会，但是我觉得申请高科技企业的手续太麻烦了，扯的精力很多，所有目前也没有去办。"（HQT） "我们的产品过去有政府采购的，现在八项规定一出，集中采购少了很多。"（ZF） "国外的医药市场和研发比较规范，国内的不规范，去年年底国家出了一个仿制药一致性评价，意思就是说过去的数据都不可靠，需要重来一遍，这个政策一出我们就有优势了，越规范对我们越有利。"（WSF） "国内就是政府总是干预商业行为，这一点让我很不适应。"（RL）

（3）**文化情境**。长久以来，受儒家文化的影响，中国创业者更倾向于利用关系来协调交易活动，这就使企业治理的方式趋向于"人治"而非"法治"。例如，创业者指出，"之前在美国公司各种工作流程都很清楚，在中国企业就是什么都得自己蹚道""在美国大家都比较尊重契约和规矩，中国往往就是一个人或几个人拍板就算数""在瑞士的企业里面更愿意通过一些工具去开展工作，国内的话更多的是通过意志去开展工作"。这种关系利用性倾

向强调了人与人之间的信任和承诺的作用。"必须得靠人与人之间的信任，但是这个信任其实很难建立，要花很长时间"。另外，从人的行为方式角度，中国更倾向于风险规避、集体主义和短期行为，在表达方式上更委婉，而西方社会更崇尚个性和就事论事，这使商业运作方式具有显著差异。

命题 3：与西方国家相比，我国创业者更强调个人关系的利用，创业前期的治理方式以"人治"为主，同时，人在趋同性、不确定性规避和表达方式等方面的行为方式的差异也对经济活动产生了深远的影响。

表 4-10　文化情境构念的典型资料举例

构念	子构念	典型资料举例
创业情境	文化情境	"之前在美国公司各种工作流程都很清楚，在中国企业就是什么都得自己蹚道，很主观。"（DR） "中国是人治社会，美国是法治或者是规矩，大家都比较尊重契约、尊重规矩，当然可能有的时候可能有点按部就班、条条框框的比较多，效率偏低，那中国往往就是几个人拍板就算数，一个人拍板就算数。"（ZF） "人的思路有很大的差异。在瑞士的企业里面更愿意通过一些工具去开展工作，国内的话更多的是通过意志去开展工作，就是老板让你做什么你就做什么，但是感觉缺少方法、流程和思路。"（RL） "海外是以契约为纽带的一些关系，合同说得很清楚，但是在中国的话契约都一塌糊涂。"（LHS） "我们目前招不到合适的人，因为我们没有风投，其实我们盈利能力很强，但是好多人都看不到这一点，觉得没有风投就存在很高的风险。"（LTZ） "我有海外网络的优势，所以能比国内同行拿到更低的价格，但是问题在于国内渠道打不开，因为国内的消费者很难接受新企业，觉得有风险，在瑞士就不一样，大家很乐意尝试新的东西。"（RL） "我们都习惯了西方那种比较直接的表达方式，这种委婉拒绝我们一开始都是听不出来的。"（DR） "我也听不懂国内的拒绝人的方式，特委婉的方式，多次以后才明白了这是拒绝。"（WSF） "美国人不屑于去抄写别人的商业模式，觉得我的东西或者我的产品和别人类似觉得是一件丢人的事情，我就是要新奇酷，中国人就是从几千年的历史就是成王败寇，不在乎我是照抄还是怎么着，我只要比你做得快，我只要把你吞掉我就是光荣的，所以在产品上往往带来了一窝蜂、一股脑的情况。"（ZF） "长期在海外思维方式会受到一些西方的影响，刚回来的时候甚至连交流起来都会有一些障碍，或者会避开交流。"（LHS）

4. 创业行为

（1）**网络构建**。创业者的创业网络是从其他社会行动者那里获取资源的中介途径（古艳婷，2012）。海归创业者由于在海外学习或生活多年，其本土的创业网络强度通常弱于本土创业者。例如，创业者指出："我主要的瓶颈在于国内的关系网没有那么密，所以在寻求一些资源时总感觉像外来者""前期的创业团队还是看人脉的，我之前的圈子不在中国，所以组建起来比较困难""我回来后觉得少了5年的连续工作或学习的环境，少认识了一些人，如果一直在国内的话应该是在研究生或刚开始工作的时候就能结识到一些创业伙伴，网络建立肯定是有缺失的"。因此，海归创业者依赖于异质性的网络来克服自身在本土网络方面的劣势。例如，LHS指出："跟供应商打交道的事基本上是靠我的合伙人解决的，他在联合利华工作了很多年，对政策和环境比较了解，我们是利用了各自的优势互补。"HQT也说："我主要的优点在于我的反应和见识，还有一些灵感的创作，其他的部分我并不是特别厉害，主要依靠我的合伙人。"在创业早期，这种异质性网络主要由创业者个体的非正式关系构成，包括家人、朋友、同学和同事等（Littunen，2000；Watson，2007）。这种关系在新企业创建之前就存在，维护成本极低，且能够为海归创业者提供所需的资源、知识和必要的情感支持。

命题4：与本土创业者相比，海归创业者的本土创业网络的强度相对较弱，异质性的网络是海归创业者获得创业知识和资源的关键；在企业创立初期，非正式社会网络对于克服"新进入者障碍"的作用更显著。

表4-11　创业网络构念的典型资料举例

构念	子构念	典型资料举例
创业网络	网络异质性	"说实话我不是一个爱社交的创业者，这方面也是我的弱项之一。我们一开始做的业务还是要搭建二手车供应商网络，而我们的供应商都是一些小公司，或者是中介，跟这些人打交道，基本上是靠我的合伙人去解决的。我的合伙人在联合利华工作了很多年，是我的发小，他对这些政策和环境会比较了解一些。我们是利用了各自的优势互补。"（LHS）

构念	子构念	典型资料举例
创业网络	网络异质性	"我虽然是技术出身，但是我的工程能力不是特别强，我这个人不是一个特别严谨的人，我主要的优点在于我的反应和见识，还有一些灵感的创作，其他的部分我并不是特别厉害，所以主要依靠我的合伙人，我的合作人是我在人人网工作的时候认识的。目前来看的话还是缺少一个做市场的人帮我们把渠道打开。"（HQT） "我的合伙人家里有很多人脉，都去帮他推荐。"（DR） "我的家里是做企业的，父亲给了我很大的帮助，他的一些观念对我影响很大。"（LBW）
	网络强度	"我主要的'瓶颈'是在于国内的关系网没有做得那么密、那么死，所以说我在去寻求一些资源的时候总感觉像一个外来者。"（李博文） "前期的创业团队还是看人脉的，就是圈子，我们之前的圈子不在中国，所以组建起来比较困难。"（LHS） "我是北京人，在这儿生活了二十多年了，但是回来后也会觉得少了5年的这样一个连续的工作或者学习环境，少认识了一些人，如果一直在国内的话应该是在研究生的时候或者刚开始工作的时候就能结识到一些创业伙伴，网络建立这一部分肯定是有缺失的。"（HQT）

（2）**创业学习**。创业者创业行为的本身是一个经验的集合（Reuber and Fischer, 1999; Politis, 2005）。缺乏必要的行业经验和企业管理经验会在一定程度上阻碍海归创业者形成特定的创业态度、信念和能力。例如，段然指出："我的合伙人都没有工作经验，我也是没有任何做 B2C 产品的经验，财务背景就更没有了，我们当时也不知道财务背景有这么重要，所以钱就被我们没有计划地花光了。"然而，尽管经验学习强调了创业者先前经验的重要性，创业过程中仅凭自身经验是不够的。通过经验学习获取知识往往比较缓慢，并且容易形成路径依赖性。尤其是对海归创业者而言，他们过去在海外所习得的经验可能并不适用于动态变化的本土创业情境。例如，LTZ 认为："之前在美国学的一些东西搬到国内就完全不一样了。"LHS 也说："我们确实是按照硅谷的一套规范的流程去做的，但目前来看，这套东西直接搬到国内效果怎么样还真是不好说。"还需要通过认知学习来借鉴他人的间接经验或观察他人的行为结果，并将这些信息转化为对自身有价值的知识。例如，创业者强调："我刚回国的时候用了大概三个月的时间去探访了一百家的企业""我每天最大的工作之一就是阅读，看各种资讯，跟朋友聊天，看看大家在做什么"。"我们一直关注竞争对手的动静，目前也是一直在调整战

略，想做一些差异化的东西""我们会通过投资人或朋友引见拜访去一些标杆企业"。还有的创业者指出："我们做了第一期课程之后一下子就发现了问题""我们一开始不是做这个，做了一段时间发现国内的人和企业对软件的付费意愿都很低，后来才转变方向的"，强调了通过实践学习在特定情境中积累或创造知识并纠正先前经验的重要性。

命题5：海归创业者先前积累的经验对其识别机会和获取资源具有重要作用，而在本土创业情境中，经验极易使创业者锁定在过去的轨迹中，因此，必须通过认知学习和实践学习持续地更新创业知识以应对差异化和动态变化的创业情境。

表4-12　创业学习构念的典型资料举例

构念	子构念	典型资料举例
创业学习	经验学习	"我的合伙人都没有工作经验，对国内的环境完全不了解，我虽然在百度做产品经理，但是做的产品是B2B的，而现在做的是一个B2C的产品，我也是没有任何经验的，财务背景就更没有了，我们当时也不知道财务背景有这么重要，所以钱就被我们没有计划地花光了。"（DR） "我之前在美国的一家创业公司工作，我在公司成立大概3个月的时候加入这个公司，然后成立了两年多的时候离开的，见证了整个公司从创立到C轮之前的一个整体的成长过程，也知道了工程师开发的工程流程，也看到了很多投资人投资公司的态度，后来我就去了一家投资公司帮他们开项目和管理一些后期的市场，我在里面学了很多的东西，这些经验是很重要的。"（LBW）
	认知学习	"我刚回国的时候用了大概三个月的时间去探访了一百家企业，四处聊，我就问大家在干吗，怎么干的，因为在国外时间长了怕不接地气想了解一下情况。"（ZF） "我是一个特别爱学习的人，每天最大的工作之一就是阅读，看各种资讯，主要看科技媒体，36氪、雷锋网，包括一些垂直科技网站，然后就跟朋友聊天，对比一下大家的情况，开的会也挺多的，各种企业都接触一些，看看大家在做什么。"（HQT） "我们一直关注竞争对手的动静，像恺撒这些，有时一看到别家贴出广告就赶紧去了解，看看它们做哪块市场，有什么新的模式，目前也是一直在调整战略，想做一些差异化的东西，现在主要做个性化旅游APP，这个是我们独创的。"（RL） "我们会通过投资人或者朋友去引见一些标杆企业，然后我们去拜访，跟人家聊一聊，让人家讲一讲你们是怎么做的。"（ZF）

构念	子构念	典型资料举例
创业学习	实践学习	"美国就是自己做自己的事，好像市场上几乎没有你的竞争一样，他们更多关心的是自己的产品怎么样，在国内可能每个月都要分析一下市场环境。"（HQT） "我们做了第一期课程之后就发现了问题，就是我们招的人太杂了，他们的学习能力、兴趣和动力都是不一样的，所以后面会要把产品进一步细分。"（LBW） "我们公司正式注册之后一直在探索一些方向，一开始不是做这个，做了一段时间发现国内的人和企业对软件的付费意愿都很低，后来才转变方向的。"（LHS） "很多人问我创业最难的是什么，我说最难的是做决定，因为这个没有模板，之前在美国学的一些东西搬到国内就完全不一样了，还有好多东西压根就没人做过，要不断地创造这个东西。"（LTZ） "我刚回来的那段时间天天被我父亲骂，说你这个思维根本就不对，我之前还不知道哪里不对，但是现在越来越清楚了。比如说你要做一个B2B的公司，产品其实不重要，渠道为王，这些思维我原来是不接受的，但是当你在国内待久了就必须慢慢地接受，思维也慢慢本土化了。"（LBW） "之前在硅谷工作，对那边的公司很了解，股权分配这些都会有，也确实按照一套规范的流程去做的，但是照目前来看，这套东西直接搬到国内效果怎么样还真是不好说。"（LHS） "在技术这块我确实很有经验，但是这个远远不够，创业要考虑的东西更多了，除了自己的老本行外，还要考虑临床、法规、市场、分配、专利等不熟悉的领域，还要照顾到开发团队、合作伙伴各方，还要考虑国内的一些实际情况。"（WSF） "创业知识我觉得比如说融资知识还是靠实操，融过几轮之后就慢慢知道一点了。"（ZF）

（3）**互补性资源获取**。创业企业往往面临着严重的资源困境。在西方社会，市场经济体系较为成熟，资本市场也较为完善，创业企业可以通过市场的途径灵活地获取其所需的各种资源（蔡莉和单标安，2013）；而在中国情境下，缺乏市场交易的各项制度，资本市场尚不健全，创业企业通过市场机制获取资源的渠道尚未建立起来（Zhang and Wong，2008）。因此，在海归企业创建及成长的过程中，海归创业者更倾向于考虑利用个人的社会关系而非市场途径来解决所面临的各项资源困境，通过与外部环境的主体之间建立网络联系以获得互补性资源。例如，LTZ和WSF都指出他们的第一个客户资源是从社群网络或经园区朋友介绍认识的，同时关系网络对于他们进一步扩大创业团队和市场规模也具有关键作用。HQT则认为参加线下的科技媒体

或科技团体组织的会议能够获得很多前沿信息和知识资源。LBW通过与国内的另一家网络教育培训机构合作来获得市场资源，而自身主要聚焦于技术和课程。还有的创业者表示其所在的园区或孵化器组织为其提供了资金来源和基础设施，同时对其在获得财务、法律、知识产权、创业知识等信息资源和服务等方面也提供了一定帮助。与市场交易和企业制度相比，网络关系能够在有效地降低交易费用的同时也使资源获取更具灵活性，从而帮助企业满足客户多变的需求，应对逐渐缩短的技术周期和进入新的领域。

命题6：情境的不确定性增强了创业企业对组织外部资源的依赖，企业需要通过建立网络和快速学习以识别和获取实现创新价值所需要的研发、生产、营销等互补性资源，以帮助企业满足客户多变的需求，应对逐渐缩短的技术周期和进入新的领域。

表4-13　互补性资源构念的典型资料举例

构念	子构念	典型资料举例
资源获取	互补性资源	"我们第一个客户就是从社群里认识的，后来又给我们介绍了新的客户，招人也是，一开始在网上发招聘启事，但是这批人招进来之后发现他们跟我们创业团队的心态和意志不契合，都离职了，后来招的人都是参加活动认识的，觉得志同道合，认同我们的理念才招进来的。"（LTZ） "我们第一个客户是园区的朋友给介绍的，他觉得国内市场竞争太激烈，也打算开拓美国市场，走高端路线，他同时找了五个海归的团队一起做，结果我们一次中试就成功了，所以他们把第二批产品也转过来，我们在行业里口碑相传，才慢慢有了客户。"（WSF） "目前是我们所在的孵化器创客工场给了我们投了天使轮，还给了我们场地，然后我们找了另一家国内的网络教育培训机构给我们做市场开拓，我们主要是提供技术和课程。"（LBW） "我们的财务、法务这些方面都是和专业的人合作，我们早期都是外包的，外包合作的律师和会计师会经常给我们讲很多东西，告诉我们一些注意事项，我那三张会计报表就是跟着慢慢学的。"（ZF） "我们参加一些线下的科技媒体或者是科技团体组织的会，与会的人受教育程度会比较高，他们的思维也都相对比较开拓或者是相对比较求新，跟他们交流能够获得很多前沿信息。"（HQT） "园区的支持真是太重要了，替我们办了很多手续，帮助我们把好多事情简单化了，我很难想象自己单独在外面租一间房，真是太难了。"（WSF） "园区会组织很多活动还有讲座，有政策的，知识产权的，法律的，股权激励的，也提供一些咨询，收获还是很多的。"（RL）

（4）**合法性资源获取。** 创业企业通常有着可靠性与可信度低的缺陷，这形成了其产品和服务进入市场的合法性门槛（李雪灵等，2011）。合法性代表着组织行为和表现在多大程度上符合和满足社会系统内行业规范、制度规则及公众价值的评价标准。在中国情境下，制度和市场的不确定性和个体认知的差异使海归创业企业更易面临外部的合法性约束。因此，获取合法性是海归创业企业克服新创劣势，将创业导向转化为绩效的关键路径。依据Tornikoski 和 Newbert（2007）的研究，笔者将合法性分为自洽合法性和战略合法性两类。自洽合法性是创业者或创业企业客观上体现出来的，可以作为外部利益相关者判断创业者或创业企业价值依据的各项关键信息，包括企业的专业认知、市场地位和创业者的从业经历、教育背景等（李雪灵等，2011）。在中国情境下，社会对海归的认知具有两面性。一方面，正如创业者指出的那样，"海归给了我们一个很好的业内的名片，在获取资源时有很大优势""海归会有一些光环，因为过去在国外做的东西比较前沿，所以投资人会比较感兴趣"。另一方面，海归的身份所传递出的"不接地气""富二代""在国外混不下去才回国"这些信息反而更容易导致社会的认知偏见，从而对企业的发展产生消极的影响。因此，海归企业还需主动地通过组织行为来提高战略合法性，从而获得利益相关者的认可与支持。这种主动行为包括通过建立与权威机构建立网络、获得资质等来适应和选择情境，如创业者提到的"了解受众，迎合市场的需要""引用国际一流期刊""通过瑞士旅游局和国家旅游局进行宣传""获得运输资质""承接外包项目"等，还有对情境的操纵，如 LBW 指出"我真的想去改变现状，我们一直给学员灌输这个观念，也逐渐得到了他们的认可"。LTZ 也认为"海归创业者回来要做的事情最好是引领。你要告诉大家什么是好的，提出不一样的模式"。WSF 则通过学术推广的形式来提高社会对前沿技术的认知。

命题 7： 如表 4-14 所示，制度和市场的不确定性和个体认知的差异使海归创业企业面临外部合法性约束；海归创业者的身份对自洽合法性具有正向和负向的双重作用，海归创业者还需要通过战略合法性行为克服合法性障碍，这些行为不仅包括对海归企业创业情境的适应和选择，还包括对它的操纵。

表 4-14 合法性资源构念的典型资料举例

构念	子构念	典型资料举例
创业 资源	合法性 资源	"我觉得海归给了我们一个很好的业内的名片，我们去社会上拿资源跟人聊天的时候很多人愿意跟你聊，我说我是哪里毕业的人家就会有一个认同感，给我们带来了很大的优势，帮助我们快速地把资源积累起来。"（LTZ） "海归的光环还是有一些的，比如见投资人的时候我把我以前做的东西聊了一下，因为我以前在美国做的东西还是比较前沿的，技术壁垒也很高，国内还没有公司做这个事情，所以投资人会比较感兴趣，去年 10 月我还只有一个 idea，还什么都没做的时候就有大型的投资机构来找我了。"（LHS） "不知道为什么国内好多人都觉得优秀的人都不愿意回国，选择从国外回来的人都是在国外混不下去的。"（RL） "我本科学校并不好，出国之前还是很接地气的，可是在国外待了几年就觉得自己镀了层金，既有名校背景，又有国内外知名企业的工作经历，整个人就飘起来了。所以一开始投资人觉得我背景不错，很快就见面了，但是聊了之后担心我们不接地气，最后也没投我们。"（DR） "我们做的产品是全球最小的空气净化器，一开始做的时候用户看到都眼前一亮，都说你这个挺好我愿意试一试，但是当我们想把市场做大的时候就发现很多人没有听说过你这个品牌就不认可你的东西，大家只认小米，认飞利浦。"（ZF） "国内的 HR 招技术人才的时候不懂技术，老板在招投标的时候不懂细节，投资人在投公司的时候看不懂项目，这其实是非常不好的，所以我做教育不仅是为了赚钱，更多的是我真的想去改变现状，我们不是要让你成为一个高级程序员，而是让你了解编程是怎么回事，有个编程思维。我们一直给学员灌输这个观念，也逐渐得到了他们的认可。"（LBW） "了解受众，迎合市场的需要，这个是非常重要的。另外，我特别想提这个词，引领，海归创业者回来要做的事情最好是引领。你要告诉大家什么是好的，别人只告诉你哪些学校是名牌学校，我们提出来的模式不一样，我们是留学加职业规划。每次出去宣讲，我们不是讲我们的商业模式，而是告诉大家体育留学的大环境、大概念，让你感觉到这个东西接下来是有社会需求的。我们的第一个客户，当时找到我们，希望我们帮助他，但是我们的价格他不能接受，最后就黄掉了，但后来他还是找回来了，因为他认同我们的理念，愿意花钱让专业人士来帮他做一部分事情。"（LTZ） "不管是拿认证还是跟人展示研究报告或者辩论这个技术有什么问题的时候我们一般是用英文文献来说话的，大家普遍认为中文文献权威性不够，所以我们也在关注国际一流期刊上的一些东西。"（ZF） "消费者主要担心安全这个问题，所以我们借助了瑞士旅游局和国家旅游局的一些力量帮我们宣传，有政府出面的话消费者的顾虑就少一些。"（RL） "运输这块要先拿到国家的一些资质，目前我们已经都拿到了。"（LHS） "国内的大环境就是这样，我们只能适应它，所以我们也会接一些外包的项目来做。至于销售推广这块，我们的技术很前沿，收费也不菲，直接敲门肯定没人理我，我们主要是通过学术推广的形式，给人讲课，介绍我们的企业和技术。"（WSF）

（5）**嵌入性资源获取**。关系网络是创业企业获取信息、资源和政治资本的重要来源，它作为一种重要的非正式机制，可以用来弥补正式制度的缺陷，因而是中国情境下进行商业活动不可或缺的关键要素（Sun et al.,2010）。关系网络的一个重要特征在于关系的嵌入性。这种嵌入性决定了企业会考虑到与合作伙伴间的信任、承诺和关系专用性资本的存在，因而更愿意与自己有联结关系的伙伴进行长期的商业往来与合作，不会在完全自由竞争的公开市场上寻找交易伙伴，交易费用也因为嵌入性的存在而降低。例如，LHS指出"我们与客户之间的关系依赖于长期的建立信任的一个过程，尤其在前期公司还没有一定的平台或规模的时候更是如此。"ZF和HQT也说"在中国做生意要花很多时间去建立信任，你说喝酒也好，反反复复地去拜见、了解和托关系也好，还要建立信任，所以我们在清华的校友就感觉很好，因为建立信任的过程会大大缩短，知根知底。""一般关系还不错，知根知底的，这种人你才敢把他放到一个很高的台面上去，名声很大其实跟你关系不太熟的时候你也不知道他具体的工作能力什么样。一度的当然是最好的，二度那种关系我也可以接受，但是三度的我就得仔细考虑一下了。"其他创业者则更强调承诺和关系占用性投资的作用，例如，他们指出"针对不同客户我们会提供个性化的服务，也就是说我们会给这一组客人单独定制一个方案出来去服务他的行程，这是我们对客户的承诺，也是我们的核心竞争力。""国内做硬件的这帮人基本上比较抱团，我帮你一下你以后有什么业务也帮我一下，往往是合作的关系。这个心态我也是慢慢在加强，我刚回来的时候一句话都不愿意和别人说，怕别人窃取了我的想法，慢慢地我发现想法不止我一个人有，能把它做出来还能卖得出去很少，我们同行之间交流很多，大家基本上有了默契。"

命题8：在契约不完善的情境中，关系治理是正式治理方式的重要补充；它来源于合作伙伴之间在合作过程中的互动行为，以及依此形成的相互信任、承诺和关系专用性资本。

表 4-15　嵌入性资源构念的典型资料举例

构念	子构念	典型资料举例
资源获取	嵌入性资源	"我们与客户之间的关系依赖于长期的建立信任的一个过程，尤其在前期公司还没有一定的平台或规模的时候更是如此。但是这个信任其实很难建立，要花很长时间。我可能还是不太适应本土的社交模式，有时候感觉缺乏一点真诚。"（LHS） "一般关系还不错，知根知底的，这种人你才敢把他放到一个很高的台面上去，名声很大跟你关系不太熟的时候你也不知道他具体的工作能力什么样。一度的当然是最好的，二度那种关系我也可以接受，但是三度的我就得仔细考虑一下了。"（HQT） "在中国做生意要花很多时间去建立信任，你说喝酒也好，反反复复地去拜见、了解和托关系也好，还要建立信任，人家凭什么跟你合作，酒文化背后其实是一种建立信任的过程，所以我们在清华的校友就感觉很好，因为建立信任的过程会大大缩短，知根知底。"（ZF） "针对不同客户我们会提供个性化的服务，也就是说我们会给这一组客人单独定制一个方案出来去服务他的行程，帮助旅行者去解决他行程这种方方面面的问题，去替代导游的叫醒服务、去替代导游的购票服务，还有周边介绍服务这些。这是我们对客户的承诺，也是我们的核心竞争力。"（RL） "国内做硬件的这帮人基本上比较抱团，这不是一个零和的市场，并不是说你多卖一单我就少卖一单，我帮你一下，你以后有什么业务也帮我一下，往往是合作的关系。这个心态我也是慢慢在加强，我刚回来的时候一句话都不愿意和别人说，怕别人窃取了我的想法，慢慢地我发现想法不止我一个人有，能把它做出来还能卖得出去很少，我们同行之间交流很多，大家基本上有了默契。"（ZF）

本章的基本命题如表 4-16 所示。

表 4-16　嵌入性资源构念的典型资料举例

	基本构念	基本命题
命题 1	市场情境	国内与国外的市场情境具有显著差异，体现在国内产业基础薄弱，市场体制尚不完善，消费者消费水平较低，对价格的敏感程度很高，市场竞争激烈，技术变革速度快等
命题 2	制度情境	我国制度建设起步较晚，知识产权保护、合同法和财产法等正式制度尚不成熟，我国的转型经济体特征使制度和政策的稳定性和执行力较差，同时政府干预影响了商业市场的公平竞争

	基本构念	基本命题
命题3	文化情境	与西方国家相比，我国创业者更强调个人关系的利用，创业前期的治理方式以"人治"为主，同时，人在趋同性、不确定性规避和表达方式等方面的行为方式的差异也对经济活动产生了深远的影响
命题4	创业网络	与本土创业者相比，海归创业者的本土创业网络的强度相对较弱，异质性的网络是海归创业者获得创业知识和资源的关键；在企业创立初期，非正式社会网络对于克服"新进入者障碍"的作用更显著
命题5	创业学习	海归创业者先前积累的经验对其识别机会和获取资源具有重要作用，而在本土创业情境中，经验极易使创业者锁定在过去的轨迹中，因此，必须通过认知学习和实践学习持续地更新创业知识以应对差异化和动态变化的创业情境
命题6	互补性资源	情境的不确定性增强了创业企业对组织外部资源的依赖，企业需要通过建立网络和快速学习以识别和获取实现创新价值所需的研发、生产、营销等互补性资源，以帮助企业满足客户多变的需求，应对逐渐缩短的技术周期和进入新的领域
命题7	合法性资源	制度和市场的不确定性和个体的认知差异使海归创业企业面临外部合法性约束；海归创业者的身份对自洽合法性具有正向和负向的双重作用，海归创业者还需要通过战略合法性行为克服合法性障碍，这些行为不仅包括对情境的适应和选择，还包括对情境的操纵
命题8	嵌入性资源	在契约不完善的情境中，关系治理是正式治理方式的重要补充；它来源于合作伙伴之间在合作过程中的互动行为，以及依此形成的相互信任、承诺和关系专用性资本

结果表明，国内与国外的创业情境在市场、制度和文化等方面均具有显著差异，并对海归企业的网络构建、创业学习和资源获取等创业行为具有广泛的影响，需要海归创业者遵循新的逻辑框架来思考未来的战略行动。本章认为应该引入创新生态的视角来理解组织之间以及组织与环境之间的这种互动关系，从而帮助海归创业企业更好地适应本土的情境（见图4-2）。接下来，本书将具体阐述创新生态战略的基本内涵、逻辑和行为依据。

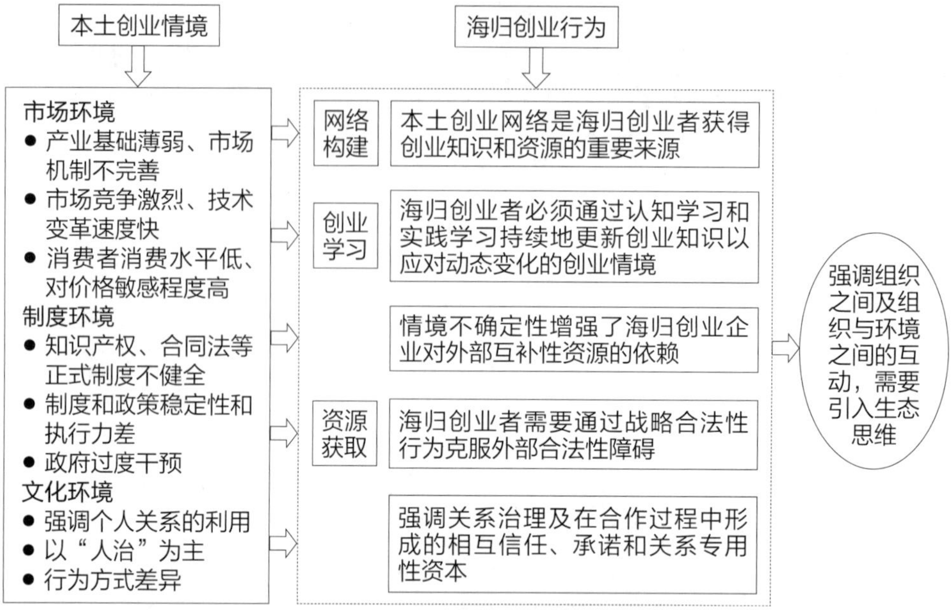

图4-2 多案例分析的主要结论

第五章

创新生态视角下海归创业的战略逻辑

传统战略管理理论主要思考在哪里竞争，何时竞争以及如何竞争的问题，在创新生态系统的背景下，这些问题需要以非传统的视角来思考（Adner，2006）。海归创业企业的创业活动通常具有先动性、创新性和风险性的特征（Shane and Venkataraman，2000）。如何借助创新生态系统战略来形成竞争优势，需要海归创业企业遵循新的逻辑框架。本章在对前人文献进行梳理并在前文案例研究的基础上，对生态的概念进行解构，探索性地提出了生态情境—生态资源—生态租金这一思考路径和相关假设。

第一节　创新生态的基本内涵

创新生态系统是指围绕在一个或多个核心企业或平台周围，包含需求方和生产方等多方主体，与外部环境相互联系、共同进化，通过创新实现价值共创和利益共享的网络（陈健等，2016）。从目前的学者研究来看，尽管创新生态系统这一概念在不同情境下的外延和内涵具有一定差异，但均体现出一些共性的特征，从而将其与其他相关概念区分开来。

1. 主体与要素

（1）包含需求方和生产方等多方主体。创新生态系统包含了能够通过某种方式为其共同目标做出贡献的任何组织（Iansiti and Levien，2004a），涵盖了多种能够影响核心企业及其相关供应商和客户的命运的组织群落、机构和个人，例如互补者、竞争者、金融机构、司法部门、标准制定机构、教育和研究机构、监管和协调机构等（Adner，2006）。相较于管理学研究中的其他概念，生态系统所涉及的利益相关者最为广泛，尤其是它清晰地将互补资产的需求方和生产方包含在内，这种全系统的视角将其与需求网络、产业网络、创新网络和集群等相关概念区别开来（Autio and Thomas，2014；

Wang，2009）。

（2）**包含环境要素及其与其他要素的互动**。基于自然生态系统的观点，创新的过程可类比于物种、种群和群落对环境变迁扰动的应答过程（李万，2014）。创新生态系统中的物种包括企业、大学、科研机构和政府等主体要素，它们相互联结，进而归入研究、开发和应用三大群落，物种与群落从人力和物质资源中获取能量和养分，并在竞合共生中保持各群落之间的平衡，进而与社会文化、地理、经济等关键环境要素相互作用，最终形成创新生态系统的动态演化（惠兴杰等，2014；Jackson，2011；李万等，2014）。因此，一个良好的创新生态系统不仅需要实现组织结构与创新行为的内部最优，还应该实现其与外部环境的动态匹配（赵放，2014）。

2. 结构与边界

（1）**基于互补性的多层次网络**。创新不可能独立存在，它也不是一个线性过程，其产生和演化过程都以网络的形式展开（颜永才，2013）。创新生态系统中大量互补、相互联系的随机要素逐渐演变成一个更具结构性的松散网络组织，网络成员依赖于其他成员得以生存并实现其有效性（Adner，2006）。网络结构使生态系统在保持其自身核心业务的同时，对活动、资产和能力也能进行灵活而持续的整合和重组，比传统的双边合作关系更具优势（Willianson，2012）。生态系统中的核心业务层通过向上和向外的扩展，形成更广泛的网络层，将各类组成要素统一到一个中心—外围的结构分析框架中，这种分层的布局更好地揭示了各层次主体及环境之间的演进方式与相互作用，并提供了更便利的协调方法（赵放和曾国屏，2014）。

（2）**围绕核心企业或平台的架构设计**。创新生态系统中通常都存在一个或多个核心企业或共享的技术平台。这些企业或平台通过控制系统的技术架构或品牌建设，集成核心资源或特殊渠道，定义标准化界面，提供其他参与者用以提高自身绩效的服务、工具、技术或进入某一平台的规制手段，从而成为管理和协调生态系统的核心力量（Iansiti and Levien，2004a；Autio and

Thomas，2014；Li，2009）。创新生态系统中的领导企业并非规模最大或资源最丰富的企业，而是能够通过正式和非正式的组织安排，有智慧地将自身的影响力作用于与其有直接或间接交易的主体，积极有效地促进和引导生态系统发展的指挥者（Willianson，2012；赵放和曾国屏，2014）。

（3）**具有开放的、跨产业和跨地区的模糊边界。**生态系统的开放性和扩散性使其创新主体及构成要素复杂多变，也让系统边界的界定更加模糊。Santos 和 Eisenhardt（2005）强调生态边界的界定必须基于组织话语权、组织能力的专业化这两个核心特点。Anderson 等（1994）认为，行为主体的经验及网络结构的特点决定了其网络视野，而正是网络视野影响了行为主体对其所在网络的边界的界定。很显然，生态系统的边界超越了由特定产品及其生产者所界定的产业边界，也逐渐突破了基于集群的地理边界，它通过更广泛的生态共同体的一致性呈现出来（Iansiti and Levien，2004b）。这种一致性体现在将主体紧密联系在一起相互关联的技术和组织能力，以及各主体为满足不断变化的需求共同努力（Autio and Thomas，2014）。在模糊和流动的边界中，创新想法和人才的自由流动，创新物种不断地移入和移出，加速了创新生态系统的演进（李万等，2014；Groth et al.，2015）。

3．功能与目标

（1）**动态的共同进化和自组织。**生态系统强调由个体的独立发展和简单的联合作业向协同、系统合作及共同进化转变（Li，2009）。一个健康的创新生态系统并非为了实现固有网络形态的潜在产出的最优化，而是主张通过有效地学习和共同选择资源和知识网络，实现各主体及环境之间的动态、可持续的共同演进，达到新的状态，最终形成具有自适应、自调节和自组织功能的复合体（Jackson，2011）。自然生态系统的进化在很大程度上是偶然、随机的，而创新生态系统在指出商业共同体形成过程中的偶然性和自组织性的同时，也强调了决策制定者在制定计划和预见未来方面的主观能动性（Anggraeni et al.，2007）。

（2）**通过创新实现价值共赢与利益共享。**另外一个与自然生态系统的差异在于自然物种具有单纯的求生动机，而创新生态系统则以提供创新的产品和服务实现价值创造与价值增值为目的（Adner and Kapoor，2010a）。在合作共生的生态系统中，每一个成员将最终共同承担整个系统的命运，个体利益将建立在整个生态系统利益的基础之上（Iansiti and Levien，2004a）。因此，各主体在共赢的前提下，通过提供互补的技术、资产和专业化能力，以创新的方式实现面向客户共同一致地解决方案，共同创造任何单个企业无法单独创造的价值（Adner，2006；Andersen，2011；Clarysse et al.，2014a），同时，在各成员间分享，促进生态系统整体的繁荣及个体的利益增长。自然生态系统与创新生态系统的基本特征的类比如表 5-1 所示：

表 5-1　自然生态系统与创新生态系统的类比

基本特征	自然生态系统	创新生态系统
主体与要素	由空气、温度、土壤、光照、水分等环境要素和生产者、消费者、分解者等多样化的生物体及种群和群落构成的有机统一的整体	由地理位置、基础设施、创新文化、政府支持等经济、社会和自然环境和企业、高校及科研机构、顾客、政府、中介机构等创新主体及研究、开发和应用群落构成的创新网络
结构与边界	在组分结构上，具有不同的优势种[①]和相对丰盛度[②]；在时空结构上，包含不同群落的镶嵌性、成层性和发展演替性；在营养结构上，多条食物链相互交错构成复杂的食物网	通常围绕核心企业或共享的技术平台进行架构设计，基于互补性要素形成一个中心—外围—扩展的多层次网络，具有开放、模糊和流动的边界，加速了创新要素的自由流动
功能与目标	通过变异、繁殖、选择、进化等行为实现能量流动、物质循环和信息传递的基本功能，最终实现生态系统的自组织、自维持、自适应	通过新技术涌现、组织变革、新企业创建、市场竞争、合作伙伴选择、战略制定等组织行为实现持续创新以及生产率、稳健性和利基市场的创造等健康度指标的提升

资料来源：陈健等（2016）。

[①] 群落中以其体大、数多或活动性强而对群落的特性起决定作用的物种。
[②] 群落中不同物种的相对比例。

第二节　创新生态系统视角下企业战略决策的逻辑

创新生态视角下，企业进行战略决策的基本原理和逻辑与传统战略具有显著的差异，具体体现在竞争优势来源、战略时间跨度、组织与环境的关系、战略实现方式、战略行动选择基础和战略管理绩效等方面。

1. 竞争优势来源

在传统的战略逻辑下，单个主体在目标、环境和可用资源既定的情况下，针对竞争对手的模仿、异化和替代等行为进行决策（范保群和王毅，2006）。创新的焦点在于通过垂直一体化的组织形式，围绕核心竞争力设计和提供产品与服务，从而实现规模经济（De Backer，2008）。而在创新生态系统的框架下，交易关系是网络的基本分析单元（Allee，2008）。这种关系可以被定义为两个企业或其他类型的组织为降低总成本或提高自身价值，从而实现为共同利益而建立的强大而广泛的社会、经济、服务和技术联系（Radjou et al.，2004）。成功地建立和管理与其他主体的关系，通过最优化最终客户价值的单个解决方案与核心竞争的差异，实现范围经济已成为竞争优势的重要来源。

2. 战略的时间跨度

传统的战略思路强调在相对有限和静态的竞争环境下的内部选择，通过评估不同选择的后果，从而找到竞争中的最佳方案（范保群和王毅，2006）。在创新生态系统的背景下，战略的制定与实施是一个动态演进的长远过程，是一个战略焦点从核心业务层向扩展网络层和外围层不断延伸的过程，其核心在于正确理解创新生态系统的各个阶段，识别各阶段价值理念和关键驱动因素的变化（范保群和王毅，2006），并基于各阶段的主要任务与挑战提出应对策略以实现生态系统的重构，甚至引导这种变化，从而维持竞争优势的可持续性。

3. 组织与环境的关系

在创新生态系统的视角下，企业与环境之间的界限更加模糊。企业的环境由核心双边关系直接和非直接联系的主体及宏观因素构成，企业与环境之间相互影响和塑造（Anderson，1994）。因此，在动态、无限的竞争环境中，创新生态系统的竞争框架更强调价值网络外部效应的作用。必须关注外部效应及其形成机制，采用系统化和结构化的方法，评估合作网络中直接和非直接的相互依赖关系所带来的风险（Adner，2006）。另外，还要从生态的视角审视关键竞争者，了解其正在塑造的客户和供应商关系网络，预测其可能发生的竞争行动和采取的竞争规则，这也是实现竞争有效性的关键。

4. 战略的实现方式

创新生态系统与自然生态系统的差异在于其社会属性，它是一个由人和复杂决策网络构成的社会系统（Moore，1993）。传统竞争战略分析方法的假设前提是企业的内部规划，有意识控制是竞争优势的来源（穆春晓，2007），而生态系统战略理论所强调的不是单一企业的控制，而是系统的自适应和自组织，秩序在企业所参与的关系的交互作用中自下而上地形成（Ritter et al.，2004）。因此，现实的战略往往不仅是理性和计划的结果，而且是不断试错的过程（徐飞，2013）。生态系统渐进式的自发学习和创新是其应对不确定性和偶然性因素的关键。

5. 战略行动选择基础

创新生态系统各主体间进行战略行动选择的基础在于实现各自战略的匹

配和协同，包括内部资源的有效匹配和与外部伙伴之间在战略层面的互惠成长（张浩等，2011）。处于不同生态位上的企业根据核心企业的战略需求及自身资源和能力的现状，在研发、制造、市场等方面努力实现与核心企业战略的需求协调一致，通过协同效应实现资源和技能利用的最大化。创新生态系统中核心企业的行动对其他主体的战略选择具有广泛而深远的影响，因此，对核心企业的战略变化进行监测、理解、利用和快速反应，并围绕核心企业，实现上游零部件和下游互补件的共同专业化对骨干企业和利基企业来说至关重要（Radjou et al.，2004）。

6. 战略管理的绩效

传统的企业绩效通过各方面来衡量：资产和销售额、股权收益等利润导向的财务指标；专利和论文数量、新产品销售收入等创新指标；缩短进入市场的时间；在现有市场上的共同成长（Iansiti and Levien，2004b）。但多是以单个企业为主体的短期指标。与之不同的是，创新生态系统战略的健康水平和活力应更能体现其动态性、开放性、与环境的关联性及各群落的平衡性等特征，具体包括：环境的融入能力，即与其所在的自然、人文和虚拟环境和谐相处的能力；网络的生产率和增值能力，即持续地将技术和其他输入转化为创新成果，以更低的成本推向新的市场，获得并合理分配价值增值的能力；对需求的快速反应和稳健性，即在难以预见的环境突变中生存下来的能力；利基市场的创造，即保持对新鲜事物的感知和对优质创新资源的吸引力，不断向新市场扩张和引领创新潮流的能力；另外，还可以通过来自外部想法的比例、销售知识产权获得的收益及成功连接内部知识产权与外部购买者的程度来体现开放环境下研究、开发和销售之间的平衡（吴金希，2014；Wallin，2006；曾国屏等，2013）。创新生态系统战略与传统战略基础的比较如表 5-2 所示：

表 5-2　创新生态系统战略与传统战略基础的比较

	传统战略思想	创新生态系统战略思想
竞争优势来源	基于个体的竞争优势	基于关系的竞争优势
战略的时间跨度	静态而短视的	动态而长远的
组织与环境的关系	内部效应	外部效应
战略的实现方式	理性与计划	组织学习与自组织
战略行动选择基础	企业内部资源与环境的匹配	企业间战略的协同
战略管理的绩效	单个企业的短期绩效	网络层面的长期绩效

资料来源：陈健等（2016）。

第三节　海归创业企业创新生态战略的维度

海归创业企业是一个积极与外界联系的主体（Hoang and Antoncic，2003），创业活动在创业者与投资者、销售者、购买者之间不断变化的交易关系中发生（Caliendo et al.，2012）。创新生态系统是这些关系所构成的网络不断演进过程中的产物（Zahra and Nambisan，2012）。生态系统能够通过提供支持性服务，如资金、信息和其他非物质性支持，促进知识的共享和更加深入地了解本地市场来提升创业绩效。创新生态系统中的海归创业企业与其他主体通过相互联系和共享相互依赖性，提供客户所需求的产品、技术和服务；这些互动体现并强化了这些企业在不同的经济活动中的共同专业化，并且通常由一个核心成员协助和形成。这一核心成员为其他企业提供共同演进，使目标和活动协调一致，并且进一步将自身与其他成员捆绑在一起（Moore，1993；Nambisan and Sawhney，2007）。可以说，创新生态系统能够弥补海归创业企业在创立和成长过程中由"新进入者缺陷"和"外来者劣势"导致的资源和技术能力方面的劣势，促进企业快速成长（Hoang and Antoncic，2003）。本章试图从情境、资源和绩效三个方面分析海归创业企业嵌入本土创新生态的关键战略要素和作用路径。

1. 生态情境

情境视角下的创新生态研究将生态系统界定为企业得以依存的外部环境或由生态主体和所处的外部环境共同构成的统一整体（蔡莉等，2016）。例如，Cohen（2006）指出生态系统是在特定区域内相互关联和作用的主体所构成的群落，通过支持和促进创新和创业来实现经济和社会价值；Vogel（2013）则认为生态系统是一个地理区域内的交互群落，由多种互相依赖、相互作用的主体和环境要素构成，并随着时间不断演化，以促进新企业的建立和创新的形成。当外部情境较为完善，即当创业者或创业企业所在的区域具有丰富的资金、人才和政府政策支持、完善的基础设施建设以及鼓励创新和容忍失败的文化和其他支持要素时，创业通常更容易获得成功（Isenberg，2010）。海归创业企业受到国外和本土情境的双重作用，这种情境中的要素之间具有多向、动态、非线性的复杂关系，并以网络的形式呈现出来（朱秀梅等，2011）。与大企业高管团队的决策模式不同，在海归创业企业中缺乏成型的组织环境和规范的组织常规，也缺乏足够的财力和人力展开市场调查。因此，海归创业企业的决策是创业者个体或创业团队集体决策的结果（West，2007）。他们往往依赖于直觉或基于先前经验作为决策制定的依据（杨俊等，2010），这种决策过程往往是非理性的。海归创业者具有海外的先进技术和丰富经验，同时又缺乏对国内环境的了解，容易过度乐观、盲目自信和僵化，产生认知偏差。尤其在生态背景下，情境要素的复杂性、多变性和边界的模糊性增加了认知的难度。这就要求海归创业者嵌入本土情境网络中，通过认知学习和实践学习不断修正认知偏差，对外部环境进行监控，从而做出正确的战略决策，尤其是如何获取和配置资源的决策。因此，本章用创业网络和创业学习的交互作用来衡量海归创业企业嵌入本土生态情境的过程，也是海归创业企业不断增强与本土网络的互动，提高对本土生态情境的认知进而对外部环境进行动态匹配的过程。

2．生态资源

许多学者都试图从资源的视角来解释创业过程及创业企业的战略行为。例如，在 Timmons（1985）所构建的经典创业模型中，就将资源视为创业活动的基础要素。这些学者认为创业的过程是不断地投入资源以连续提供产品和服务的过程，在这个过程中创业者需要对资源进行识别、获取、配置和利用。资源观强调企业可以凭借有形或无形的异质性资产提供独特的产品或服务，获取超额利润，并最终获得竞争优势（Prahalad and Hamel，1990；方刚，2008）。在生态系统中，关系而非单个企业是最基本的分析单元。因此，关键"瓶颈"可能存在于组织外部，向外部合作伙伴配置更多的资源，往往比将资源配置于内部更有利于克服短板。基于此，本章将生态资源定义为与关系相关的资源总和，包括互补性资源、合法性资源和嵌入性资源。它超出了单个企业的边界，由生态系统的参与者共同拥有和支配，是产生超额利润的重要基础，且对生态之外的企业具有排他性，使仅仅处于生态中的企业才能享有这些资源带来的额外收益（Gulati，1999；方刚，2008）。其中，互补性资源是指海归创业企业从本土生态获得的自身缺乏但本土网络中拥有的创新资源，体现了海归创业企业对本土合作伙伴的单方依赖关系；嵌入性资源是一种必须嵌入于双方依赖关系的共生性资源，任何单方都不可能独自拥有这种资源，离开组织间的关系，则毫无价值（Rindfleisch and Heide，1997）；而合法性资源体现了海归创业企业与其所处的外部情境的制度一致性程度，是一种工具性资源，通过合法性资源的获取可以撬动其他资源的获得。

（1）**互补性资源**。技术进步导致创新活动更为复杂化和系统化，依靠单一企业的自身资源很难独立完成具有需要复杂系统知识的创新，要求企业组织间开展更为紧密的协同，通过价值的共享（Li，2009）以及互补性资源与能力的使用（Adner and Kapoor，2010a），形成具有共同进化，共生机制的创新生态系统。企业加入到生态中的原因源于组织内自身所拥有的资源有限以及对组织外部资源的依赖（Thompson，1967）。一方面，企业需要通过共同进化与共生的创新机制获取与自己的核心能力互补的异质化能力或者资源，与合作企业在更短的周期内一起建立和发展新的能力以获取市场的竞争优势。另一方面，企业越来越依靠共生的创新机制进入到自己之前未涉及的领域，进而完成满足客户需求的创新活动（Rohrbeck et al.，2009）。

与本土创业企业相比，海归创业企业具有一系列资源优势。首先，海归企业往往从国外带回先进的专利、技术、知识或相关的职能和行业经验，构成先进的技术资源；其次，海归创业者通常从海外带回一个高素质的团队，从而构成强大的人力资源；再次，海归往往与国外和国内两个社会网络保持联系，因此具有雄厚的社会资本；最后，目前中国对海归创业给予高度的重视，从政策和资金等多个维度支持海归创业的发展，因此在财务和政策资源方面也具有优势。这使海归创业企业具有自身的互补性资产。但另外，与本土大企业相比，海归企业多为初创企业，规模较小，资源是稀缺的，因此有效地配置和利用资源是提升存活率和成长性的关键。从生态系统角色的角度，Iansiti 和 Levien（2004b）认为，生态系统中通常存在主宰型企业、骨干型企业和利基型企业三种角色，不同主体承担的不同角色是生态系统进行宏观战略选择的重要依据。海归创业企业是互补资产的提供者，是一个利基型企业的角色。在创新生态系统中，核心企业建立平台，吸引互补资源和企业加入平台满足客户需求，从而产生大量机会。海归创业企业以网络嵌入者而非创建者的方式加入到网络中，形成新的社会联结，并从随后的位势中获得收益。因此，通过外部关系获得实现创新价值所需要的研发、生产、营销等环节的互补性资产是利基型企业进入生态系统并占有一席之地的关键（Premaratne，2001）。

（2）**合法性资源**。海归创业活动往往面临着"合法性缺陷"。具体来说，海归创业企业通过率先发现和利用新技术、开发新产品、实施新服务的确可以形成企业的先动和创新优势，但由于环境的不确定性和决策的有限理性，社会公众往往难以直接判断组织的价值，只能依据组织与制度的一致性来判断其合法性程度（Zimmerman，2002；周劲波等，2014）。也就是说，在高度复杂的环境中，资源所有者是否愿意支持一个企业，取决于他们对企业吸引力和机会识别能力的判断（Shane and Stuart，2002）。由于本土生态中市场信息不对称、制度标准不匹配，以及各生态成员先验知识不对等、需求偏好未养成、对创业风险和不确定性的规避等因素，往往造成海归创业企业的创新活动超越公众的接受程度和认知水平，带来利益相关者的质疑和强力组织的压制，由此带来合法性危机（杜运周等，2008；李雪灵等，2011）。因此，制度学派认为新创企业的成长过程是通过合法化途径，克服合法性门槛和获取资源的制度嵌入过程（Zimmerman，2002），这种组织合法性被视为一种能够帮助组织获得其他资源的关键组织要素（裴云龙等，2013），它本身也是一种资源，它使其他资源从企业外部流入企业，直接构成了创业者资源获取的前提（张玉利和杜国臣，2007；周娴，2014）。因此，海归创业企业主动通过创业学习、网络构建等组织行为构建战略合法性，是其克服"新进入者劣势"和"外来者劣势"并获得其他关键资源的重要途径。

（3）**嵌入性资源**。嵌入性资源是嵌入在生态成员的关系网络中，为生态成员拥有和利用的实际和潜在资源的总和（Nahapiet and Ghoshal，1998）。社会资本理论认为嵌入社会网络的资源以及行动者之间的相互信任、承诺和认同等关系是形成突破性创新的根源（李文亮和赵息，2016）。基于此，本章认为生态视角下，海归创业企业资源配置的重点是对跨组织关系的建立、维护和优化的投入，从而使组织更有效地嵌入到生态系统中（陈健等，2016）。生态系统中的联系和互动可以通过生态系统成员对其他合作伙伴的承诺、信任以及所投入的关系专用性投资体现出来。承诺是一种愿意与合作伙伴加强或维持长期关系，并与其进行互惠行动的意愿（邬爱其，2006；Caliendo et al.，2012）。它体现在企业认同自身作为生态成员的身份，愿意与合作伙伴建立协同的战略和价值观，并为了合作关系的维系而牺牲一些短期的利益，从而使生态系统中成员的目标和行动协调一致（Anderson and Weitz，1992）。关系专用性投资是维护关系的直接成本，即关系双方为了维系长期合作伙伴关系所投入的各项资产，包括专用厂房、设备、专门技术、人才以及管理时间、精力等，这使契约一旦终止，企业就必须耗费高昂的转换成本来选择新的合作伙伴进行合作，可以说，关系专用性投资在某种程度上绑定了生态成员之间的关系。另外，相互信任也是维系一个持久和有效关系的基础。许多学者的研究表明，信任能够促进鼓励未来交易的重要机制，降低合作过程中的谈判成本并增强联盟绩效，因此更有可能发展成为忠诚而稳定的合作伙伴关系（Hewett and Bearden，2001）。

3. 生态租金

创新生态系统的核心是通过创新实现价值的创造和共享（Autio and Thomas，2014）。在已有的研究基础上，笔者认为创新生态系统的竞争优势来源于生态系统中的"租金"。租金的概念最初起源于地租，进而扩展至资金等其他生产要素，并逐步被引入组织研究领域（卢福财和胡平波，2006）。作为介于科层与市场之间的一种网络组织，创新生态系统实现了个体与其他行为主体的联系，通过协同效应和整体优势能够实现单一组织无法实现的共同价值创造（Dyer and Singh，1998；Levin and Cross，2004；Adner，2006；王琴，2009）。也就是说，企业间之所以会联结成为创新生态系统，是因为可以获得"租金"。基于此，笔者认为，创新生态系统中的价值创造以生态租金的形式体现出来；生态资源是生态租金的来源，而生态租金是生态系统竞争优势的表征。本书将这种"生态租金"定义为在创新生态系统中，通过生态成员的协同、共演、共生所创造的超过生态成员独立进行创新活动所得之和的超额价值与利润。

关系租金来自组织间的关键资源使用时所产生的价值增值，例如风险的共同承担、快速的知识交换和特定资产的投资等（Dyer and Singh，1998；Verwal and Hesselmans，2004）。区别于 Porter（1985）竞争理论强调组织间通过市场角力与构建产业壁垒获得竞争优势，以及资源观的通过稀缺资源持有与使用来获取竞争优势，关系租金更强调组织之间的资源共享与互动，以拓展组织边界产生资源使用时的增值，从而使关系双方均获得竞争优势（Dyer and Singh，1998；Lavie，2006）。相比于关系租金，生态租金的形成更强调生态成员的资源与能力的共同演进，生态成员的共生，以及生态共同价值观的树立。

企业所属创新生态系统的成功，最终必须通过其相对于其他创新生态系统而言为客户所能创造的整体价值而体现出来。创新生态系统作为一个竞合体系，即使其内部每一个结点企业的运营价值都是有效的，也不能保证生态系统整体租金的形成，其成功与否，依赖于各自战略的相互匹配（梁运文和谭力文，2005）。另外，生态系统中的租金在参与者之间往往并不是均匀分配的（Dyer et al.，2008；Lavie，2006）。企业建立或嵌入生态系统的动机不单单是共同创造租金，更重要的是寻求和分享租金（王寅和马鹏，2013）。当个体不能获得与贡献相匹配的价值时，企业参与创新生态系统的动机就会降低，网络组织就趋于失败（杨娟和阮平南，2015）。生态租金无法形成，或无法在生态成员之间进行合理分配，这些都是导致生态系统中合作失败的重要原因（卢福财和胡平波，2006）。因此，本书打破了传统的用单个企业为主体的短期指标来衡量绩效的方法，采用共同行动和突破性创新两个指标来衡量生态租金，共同行动是指生态成员利用各自的知识、资源和能力以共同完成任务的行为（李林蔚等，2014），体现了生态参与主体共同创造价值的潜力，后者体现了海归创业企业个体获得价值分配的能力。

本章的概念框架如图 5-1 所示：

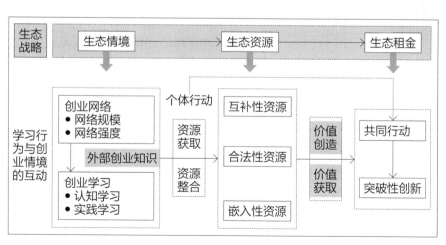

图 5-1　生态战略下的生态情境—生态资源—生态租金概念框架

第四节　研究问题与假设提出

新企业在创建过程中面临的其中一个困境在于如何对有价值的机会进行识别并获取与之相匹配的资源来开发和利用这些机会。但是，正如 Powers（2003）所指出的那样，大多数创业企业的初始资源禀赋并不完整，任何创业者都不可能拥有创业所需要的全部资源。因此，创业网络成为创业者获取创业资源、促进知识在网络成员间的共享和流通的重要途径（Hoang and Antoncic，2003）。然而，从创业网络中识别、获取、整合和利用创业资源来实施价值创造活动依赖于对商业环境、关系网络、管理经验等多方面知识的了解。这些相关创业知识的获取需要海归创业者在创业网络中的观察、学习和实践（周冬梅，2007）。因此，通过学习行为从网络中获取与创业资源相匹配的创业知识是创业学习的主要出发点（单标安，2013）。基于此，提出以下假设：

H1：本土创业网络与创业学习的交互作用与创业资源的获取正相关。

海归企业创建初期需要融入本土的制度网络、技术网络、商业网络和信息网络等，获得政策支持、资金提供、信息发布、经验丰富的管理者、有相似背景和技术熟练的员工、技术资源、工具和设备等资源，并且选择有特殊能力或能力互补的伙伴从而更好地发挥他们的资源优势（冯军政等，2015）。在这一阶段，资源需求特征包括资源获取的广泛性和便捷性，这要求新创企业必须通过各种途径获得足够的知识和信息来克服这些困难（周冬梅，2007），例如企业拥有哪些资源？企业缺少哪些资源？创业网络中的哪些成员拥有这些资源？如何与它们建立联系并获取这些资源？如何将新资源与现有资源进行整合以更好地利用这些资源？通过在创业网络中进行学习能够有效地获取这些知识。基于此，提出以下假设：

H1a：本土创业网络与创业学习的交互作用与互补性资源的获取正相关。

海归创业企业的合法性源自其在制度形成、实施和变革各阶段与正式和非正式制度的动态匹配（周劲波等，2014）。创业企业要得到权威部门的认证和许可，就必须服从于产业政策和管制的要求；创业企业要想获得外部资本的支持，就必须遵循金融规范和满足风险投资者的评价标准（张玉利和杜国臣，2007）；同样，创业企业开拓新的市场、培育新的客户、建立与销售渠道和供应商的联系，都必须让它们更多地了解企业的产品和服务信息，提高互动导向来克服合法性门槛（杜运周和张玉利，2012）。这首先就要求海归创业者能够从规制、规范和认知等维度了解政府、专业机构、行业协会等有关部门所制定的产业管制、市场准入、产业技术标准等规章制度，社会公众的价值观和道德规范及其对新技术、产品或组织形式的普遍接受程度（宋铁波等，2010）。海归创业企业的学习能够帮助其从创业网络中获得这些知识，同时获得形成新规范、新信念和新价值观的能力，从而做出服从、选择、操纵或创造制度环境的合法性策略，为获得合法性资源创造条件（Zimmerman and Zeitz，2002；何霞和苏晓华，2016）。基于此，提出以下假设：

H1b：本土创业网络与创业学习的交互作用与合法性资源的获取正相关。

许多研究表明，与合作伙伴学习和共享知识资源是合作形成的主要驱动力（Das and Teng，2000）。因此，通常来说，企业跨组织的学习意图越强，对合作伙伴的组织承诺水平就越高（Wu and Cavusgil，2006）。然而，在跨组织学习的过程中往往存在被合作者盗用关键资源、信息和专有技术，从而使关系迅速瓦解的风险，这需要企业对于关系的长期审视，并学着如何投资于关系的建立和发展合作性的诀窍，这些行动可能包括与潜在合作伙伴的事先的沟通和协商、识别正确的合作伙伴以及初步的适应性努力等。这一过程能够通过文化实施和其他社会化形式消除创业企业与其学习伙伴之间目标的分歧，形成一致的动机，从而基于相互的承诺、信任和专用性投资建立更加结构化的合作关系。基于此，提出以下假设：

H1c：本土创业网络与创业学习的交互作用与嵌入性资源的获取正相关。

突破性创新是以全新的产品、生产方式和竞争形态，对市场与产业做出颠覆性改造的创新模式（Christensen，1997）。相比于大企业，创业企业往往具有更加灵活的组织结构和更加显著的创业导向，因此更有利于偏离原有的技术轨道开展突破性创新（Massa and Testa，2008；李泓桥，2015）。知识是企业实现突破性创新的重要基础（Quintana-García and Benavides-Velasco，2008；李文亮和赵息，2016）。创业企业往往通过创造独有的和新颖的知识来实现突破性创新（罗洪云和张庆普，2015）。与渐进性创新不同的是，突破性创新通常更需要广泛利用外部的创意为新技术开发提供知识基础（Zhou and Li，2012）。因此，突破性创新能力的培育的本质是一个隐性学习的过程，外部学习成为获得突破性创新的一个重要来源，它可以促进创业企业建立多样化的知识库，从而有效提升其突破性创新绩效（裴旭东等，2014）。也有大量的研究表明，企业与其他企业、政府、高校和研究机构、中介机构等外部组织之间的交互和学习有利于获得大量、高质量和异质性的信息、资源、技术或知识，进而促进突破性创新绩效的提高（冯军政等，2015）。尤其是对海归创业企业而言，尽管海归创业者可以利用过去积累的经验来克服创业企业在创建过程中面临的新生者和外来者劣势（Politis，2005），但在制度和市场的快速变革的外部环境中，海归创业者的固有经验往往因为环境的变化而失去时效性（单标安，2013）。因此，海归创业者还需要在外部创业网络中进行认知学习或实践学习，即通过借鉴他人的经验，关注或模仿他人的行为来获得创业知识，并在特定的情境中不断地修正现有的知识，例如在组织中建立最符合新企业的全新的管理规则或制度，摒弃阻碍突破性创新发生的原有流程，避免陷入"能力刚性"或"能力陷阱"（赵息和李文亮，2016）。基于此，提出以下假设：

H2：本土创业网络与创业学习的交互作用与突破性创新绩效正相关。

基于关系资本理论视角的研究，嵌入社会网络的资源以及行动者之间的相互信任、承诺、认同等关系是形成突破性创新的根源（李文亮和赵息，2016）。因此，笔者认为海归创业企业创建初期本土网络中的学习行为，不管是对合作伙伴的搜索和识别、对规章制度和社会公众认知的了解，还是对合作关系的培育，这些知识本身并不能构成实现突破性创新的充分条件，只有转化为各种相关的关系资源才能有效地提升突破性创新绩效。基于此，提出以下假设：

H3：创业资源在本土创业网络与创业学习的交互作用与突破性创新绩效的正相关关系中起到中介作用。

互补性资源是指合作伙伴拥有的、焦点企业或潜在可以使用的与焦点企业资源存在互补关系的资源（郑素丽，2008）。海归创业企业与成熟企业相比，在创业导向和规模等方面存在巨大差异，它们往往受到自身条件的约束，难以满足实现突破性创新的资源要求。企业加入到生态中的原因源于组织在实现突破性创新过程中自身所拥有资源的有限性以及对组织外部资源的依赖性。海归创业企业只有将从本土网络学习获得的知识转化为互补性资源才能从中受益。对外部知识的吸收和内化需要以企业之间的互动和联系为保障，同时，本土网络节点的多样性为企业带来异质性资源，提高知识共享和转移的效率，从而促进企业的突破性创新。基于此，提出以下假设：

H3a：互补性资源在本土创业网络与创业学习的交互作用与突破性创新绩效的正相关关系中起到中介作用。

海归创业企业的生存和成长伴随着对旧有制度的挑战，在这种合法性约束下，海归创业企业的发展在很大程度上取决于它的合法化行为和表现。现有的研究表明，组织能够通过合法性战略，主动影响或积极塑造外界对其合法性的感知（Zimmerman and Zeitz，2002）。本土供应商、顾客、公众和政府部门等利益相关者的认可，可以为海归创业企业带来一致性和可信性，帮助其吸引潜在客户、回应外界质疑和抗击外部威胁，提高公众接受其突破性创新成果的概率（裴云龙等，2013），而海归创业企业通过组织间的相互学习，能够获得建立新信念、新规范和新价值观的能力，推动新制度的建立，从而在很大程度上为实现合法性创造条件，并最终提升突破性创新绩效（张玉利和杜国臣，2007；何霞和苏晓华，2016）。基于此，提出以下假设：

H3b：合法性资源在本土创业网络与创业学习的交互作用与突破性创新绩效的正相关关系中起到中介作用。

关系资本对于创业知识，尤其是复杂性知识和隐性知识在组织之间的转移尤为重要。复杂性知识与隐性知识的转移过程需要双方人员的共同参与和多种形式的交流，这种交流和参与是在相互信任、承诺和对资源的共同投入的基础上展开的（Forés and Camisón，2016；赵息和李文亮，2016）。通常来说，个体倾向于与自己有共同价值观的企业进行知识交换和分享（Makela et al.，2007）。共同的价值观、愿景以及对于市场前景的相似的看法能够使企业在熟悉的环境下沟通与交流，促进企业之间达成合作目标，从而进一步促进实现突破性创新所需要的知识的整合、共享和转移。基于此，提出以下假设：

H3c：嵌入性资源在本土创业网络与创业学习的交互作用与突破性创新绩效的正相关关系中起到中介作用。

共同行动被定义为生态主体为完成共同目标和任务，将个体目标与行为整合为集体行动，并利用各自的资源、知识和能力，在生态运行过程中共同参与、相互配合的行为，是一种"合作契约安排"（Schreiner，2009；穆文和江旭，2016）。通常合作伙伴之间的共同行动会面临机会主义、"搭便车"、目标不一致、合作意愿不足等风险和冲突。同时，从交易理论来看，这种共同行动可能导致沟通成本、履约成本和风险成本的增加。因此，一方面，通过双方互补性资源的投入，可以实现资源的协同效应，促进合作伙伴在不同职能分工间的协调和配合，形成了一种相互牵制的激励机制；另一方面，通过嵌入性资源的投入，可以增强合作伙伴共同行动的意愿和动机，缓解合作双方的矛盾和冲突，降低潜在收益和实际收益之间的差异，避免机会主义的风险，降低共同行动的治理成本（穆文和江旭，2016）。同时，共同行动是一个制度化和惯例化的过程（Jones and Macpherson，2006），通过合法性资源的获得可以提高海归创业企业的制度一致化程度，从而提高其在业内的声誉，降低了共同行动的阻力和风险（王国才等2013）。基于此，提出以下假设：

H4：创业资源的获取与合作伙伴之间的共同行动正相关。

许多经济学家的早期研究就指出资源的所有者通过共同专业化（Cooperative Specialization）可以提高生产效率和新产品开发绩效（Alehian and Demsets，1972）。如今，突破性创新活动早已从传统的单个企业内部转向企业间的共同合作，许多研究都表明，这种共同行动加强了企业之间的联系，能够帮助企业成功研发新产品，提高创新效率，从而有效开发单个企业无法完成的大规模项目（王国才等，2013）。例如，穆文和江旭（2016）认为，企业间高水平的共同行动表现为合作双方的密切协调配合，有助于形成共同语言和共享心智模式。企业间的共同行动还能够加快信息反馈的速度，从而优化技术创新决策，加速技术创新进程（郑素丽，2008）。在共同解决问题过程中，合作伙伴之间形成了相互协调和配合的互动模式，它们愿意为问题的解决做出调整，从而增加了组织的效率，降低了潜在的误差，并以这种协调一致的方式共同发现市场机会、形成新产品开发计划和执行开发任务（Gulati，1998；Zarheer and Venkatran，1995）。也就是说，突破性创新的实现需要建立在合作伙伴之间的共同行动的基础之上，生态资源也只有转化为共同行动才能创造价值并进而被海归创业企业获取价值。基于此，提出以下假设：

H5：共同行动在创业资源与突破性创新绩效的正相关关系中起到中介作用。

本章的逻辑假设如图 5-2 所示：

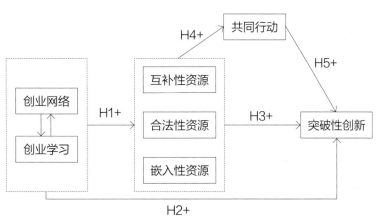

图 5-2　本章的逻辑假设

第六章

海归创业企业融入本土生态的路径分析

前文在探索性案例研究和理论分析的基础上，提出了研究的概念模型和基本假设。本章将利用问卷调查的方法以大样本数据进行实证分析和模型验证。本章的问卷设计主要围绕海归创业行为与绩效之间的关系展开，并运用结构方程模型的方法对数据进行统计分析，探索海归创业企业融入本土生态的路径。

第一节 研究方法

1．问卷设计

本章以海归创业企业为分析单元，考虑到公开资料较难获得，且大多数变量为潜变量，难以直接测度，因此本章采用问卷调查法搜集数据，基于李克特量表法的总体设计，采用多个题目分别对每个变量进行测度，从而判断被调查者基于某些对象、个人或事件持"同意"或"不同意"的主观意见和态度。王重鸣（1990）认为，调查问卷设计主要包括调查目的、理论构思、调查问卷格式、调查题目的用语和措辞四个方面。要依据研究目的和调查对象的特点来设定问卷问题；尽量避免设置无法得到真实回答的问题；对于可能得不到真实回答但又必须了解的问题可以通过改变提问的方法和表述的方式来获得相关数据（马庆国，2002）。受访者不了解相关信息、难以理解作答问题、无法回忆相关信息和不愿回答某些问题等可能会影响受访者的作答。因此，为降低随机误差，保证数据的真实可靠，本研究对企业样本、被调查对象和问卷的结构安排、题项设置等方面都做了严格的限定，具体体现在：

第一，本研究参考中关村管委会，将海归企业界定为高新技术产业；企业法人为海归人才，或海归人才自有资金（含技术入股）及海内外跟进的风险投资占企业总投资的30%以上的企业。调查对象为企业的创建者或创始团队的核心成员，并在问卷中注明如果作答者不是企业的创建者，请依据对企业创建者的了解并结合贵企业的情况填写信息。

第二，为提高作答者的积极性，本书在问卷开头就明确指出其学术目的，承诺问卷内容将不会涉及企业的商业秘密，并对作答者提供的信息严格保密。若作答者对研究结论感兴趣，还能通过电子邮箱得到反馈。此外，笔者在调查问卷的开头并没有说明研究的内容和逻辑，在问卷结构设计上也尽量避免作答者在答题过程中可能出现的一致性动机问题，减少其受因果关系的暗示影响。

第三，在题项设置上，本问卷在编制过程中力求题目描述的具体和明确性，避免采用抽象、复杂、带有价值判断和引导性的语句，并通过与相关领域专家的沟通排除具有歧义和表述不清的题目。依据 Hinkin（1995）和 Aaker 等（1999）提出的量表开发的步骤，本章严格遵循以下过程和方法以保证问卷编制的科学性和研究的信度和效度：

（1）**基于文献研究设计初步问卷**。在对创业网络、创业学习、创业资源和突破性创新绩效等相关的国内外经典文献进行检索、整理和阅读分析的基础上，对权威实证研究文献中提及的知识要点、理论构念和被广泛引用的成熟量表进行整理，并结合前文探索性案例分析中的访谈结果和海归创业企业的实际特点，对各变量的测度题项进行初步设计，形成调查问卷的初稿。

（2）**基于文化差异进行中英文互译**。鉴于本章的问卷设计参考了较为成熟的英文问卷，考虑到潜在的文化偏差，笔者将英文版问卷翻译成中文后，再将中文问卷翻译成英文，并协调两者在理解上的冲突，以确保语义在跨文化翻译过程中保持一致。

（3）**基于专家意见对问卷进行修改**。调查问卷的初稿形成后，通过电子邮件和面谈的方式向国内外的专家和学术团队征求意见，针对问卷中变量之间的关系、题项设计和措辞等问题进行深入探讨，并根据其反馈的建议对问卷题项和内容进行初步的修正和补充。

（4）**基于小样本预测试结果形成最终问卷。**借助国内的权威问卷平台，笔者将问卷初稿在小范围内进行预测试，根据被调查者的反馈意见及对回收数据的初步检验，对问卷中表达模糊、与事实不符和信效度较差的题项进行了完善，并在此基础上形成了最终的调查问卷。

综上所述，本章的调查问卷主要包括企业的相关信息、创业学习、国内创业网络与创业资源、突破性创新绩效。

2．变量测度

本章为探索性研究，许多变量尚缺乏成熟的量表。因此，本章在借鉴国内外基于相关概念的理论解析和较为成熟的量表的基础之上，结合本章的研究目的和海归创业企业的实际情况进行量表开发。除特别说明外，所有变量的测量均采用李克特五点打分法，其中"1"代表"完全不同意"，"5"代表"完全同意"。具体情况如下：

（1）**自变量。**本书的自变量为创业学习与创业网络的交互作用。

创业学习。创业学习是创业领域较为前沿的研究问题，缺乏成熟的量表，本章在前人研究的基础上对现有量表进行了借鉴和修改。依据单标安（2013）的研究，创业学习可以分为经验学习、认知学习和实践学习三种方式。然而，经验学习主要强调自身过去参与商业活动所获得的知识和经验（Liu et al.，2015），而本章强调的是从创业网络中的学习，即外部学习，因此本章将创业学习定义为认知学习和实践学习两个维度。本章基于 Lumpkin 和 Lichtenstein（2005）、Chandler 和 Lyon（2009）及单标安（2013）的研究，开发出 7 个题项对认知学习进行测量，经过探索性因子分析，剔除 2 个因子值较低的题项，最终得到包含 4 个题项的量表。针对实践学习，本章开发出6 个题项，经过探索性因子分析，剔除 1 个题项，如表 6-1 所示，最终得到包含 3 个题项的量表。

表6-1 创业学习测度量表

维度	测量题项	文献来源
认知学习	您经常与行业中的专业人员进行交流	Lumpkin 和 Lichtenstein（2005）；Chandler 和 Lyon（2009）；单标安（2013）
认知学习	您非常关注同行业中的"标杆"企业的行为（包括失败行为）	Lumpkin 和 Lichtenstein（2005）；Chandler 和 Lyon（2009）；单标安（2013）
认知学习	您经常参与各种正式或非正式的讨论会	Lumpkin 和 Lichtenstein（2005）；Chandler 和 Lyon（2009）；单标安（2013）
认知学习	您经常阅读相关书籍和文献以获取有价值的创业信息	Lumpkin 和 Lichtenstein（2005）；Chandler 和 Lyon（2009）；单标安（2013）
实践学习	您在创业过程中持续收集有关内、外部环境的信息	
实践学习	您通过持续的创业实践来反思或纠正已有的经验	
实践学习	您认为不断地创业实践是应对外部环境变革的有效方式	

创业网络。国内外对于创业网络的测度较为成熟，在前人研究的基础上，本章选取网络规模和网络强度作为海归创业网络的维度。与海归创业企业或创业者建立联系的个体或组织的数量代表创业网络的规模（Burt，2000），数量越大表示创业网络的规模越大。与海归创业企业或创业者建立联系的频繁程度代表创业网络的强度。这种联系包括与亲戚和朋友的联系（Watson，2007），与供应商、竞争对手、客户等商业团体和伙伴的联系（Sheng et al.，2011），与政府和行业协会的联系（Park and Luo，2001）和与中介机构的联系等。据此，本章各采用9个题项对网络规模和网络强度进行测度，如表6-2所示：

表6-2 创业网络测度量表

维度	测量题项	文献来源
网络规模	请填写在创业过程中与您及贵企业有直接联系的国内的个人或机构的数量：	Burt（2000）；Watson（2007）
网络规模	亲戚或朋友	
网络规模	供应商	
网络规模	竞争对手	
网络规模	客户	
网络规模	政府机构	
网络规模	金融机构	
网络规模	大学及科研机构	
网络规模	行业协会	
网络规模	中介服务机构（如会计、律师事务所）	

维度	测量题项	文献来源
网络强度	请填写在创业过程中与您及贵企业与以下国内的个人或机构联系的频繁程度：	Park 和 Luo（2001）；Sheng 等（2011）
	亲戚或朋友	
	供应商	
	竞争对手	
	客户	
	政府机构	
	金融机构	
	大学及科研机构	
	行业协会	
	中介服务机构（如会计、律师事务所）	

（2）**因变量**。突破性创新。目前，关于突破性创新的含义和量化方法尚缺乏统一的标准，不同的学者从产品结构、技术性能、业务领域、工艺流程等多个方面对突破性创新进行界定。本书参考 Chandy 和 Tellis（1998）、Christensen（2013）等对非连续性创新和破坏性技术的研究，以及国内学者李泓桥（2015）和冯军政等（2015）对突破性创新的测度方式，从技术和市场两个方面设计了 5 个题项对突破性创新进行测度，如表 6-3 所示：

表6-3　突破性创新测度量表

维度	测量题项	文献来源
突破性创新	与国内同行相比贵企业开发了全新的产品技术	Chandy 和 Tellis（1998）；李泓桥（2015）；冯军政等（2015）
	与国内同行相比贵企业的工艺流程进行了大的改进	
	与国内同行相比贵企业的产品结构具有根本性的差异	
	与国内同行相比贵企业的业务领域发生了重要调整	
	与国内同行相比企业推出的新产品或新工艺对行业产生了重大影响	

（3）**中介变量**。本研究的中介变量为互补性资源、合法性资源、嵌入性资源和共同行动。

1）互补性资源。互补性资源包括企业可以获得的使核心技术成功商业化所需的技术和非技术资产，包括互补技术、生产制造、分销渠道、管理能力、市场知识、用户和供应商网络、金融资产等各种配套资产（Teece，1986；Nerkar and Roberts，2004；Colombo et al.，2006）。在上述研究的基础上，本章将互补性资产划分为基础设施、专利技术、加工工艺、行业信息、管理经验和资金支持等维度，并依此设置了 6 个题项，如表6-4 所示：

表6-4　互补性资源测度量表

维度	测量题项	文献来源
互补性资源	国内合作伙伴为贵企业提供了项目的成功所必不可少的工作场所、仪器和设备	Teece（1986）；Nerkar 和 Roberts（2004）；Colombo 等（2006）
	国内合作伙伴为贵企业提供了项目的成功所必不可少的专利技术、专业知识和人才	
	国内合作伙伴为贵企业提供了项目的成功所必不可少的加工、制造和组装工艺	
	国内合作伙伴为贵企业提供了项目的成功所必不可少的行业信息	
	国内合作伙伴为贵企业提供了项目的成功所必不可少的管理经验、采购、销售渠道和技能	
	国内合作伙伴为贵企业提供了项目的成功所必不可少的资金支持	

2）合法性资源。合法性是一种关键组织资源，通过获得政府、用户、供应商等相关利益群体的认可，可以帮助企业获取资源，并为企业带来可信度（裴云龙等，2013）。根据理论界被广泛接受的 Scott（1995）的定义，合法性可以分为规制合法性、规范合法性与认知合法性。在此基础上，本章进一步参考了 Elsbach（1994）和苏晓华等（2015）的研究，对其定义和维度进行梳理，最终将三种合法性通过国家法律、行业标准、企业员工、竞争者、供应商、顾客、政府、投资者和媒体等方面体现出来，并依此设计了 9 个题项，如表6-5 所示：

表6-5　合法性资源测度量表

维度	测量题项	文献来源
合法性资源	贵企业的经营运作获得了国家相关法律法规的批准	Scott（1994）；Elsbach（1994）；苏晓华等（2015）
	贵企业通过了国内行业标准的认证	
	员工会自豪地告诉别人他们是贵企业的成员	
	国内的竞争者对贵企业很尊重	
	国内的供应商希望与贵企业做生意	
	国内的顾客高度评价贵企业的产品	
	本地政府高度评价贵企业的经营行为	
	国内投资者愿意与贵企业接洽	
	国内媒体较多地关注贵企业并给予正面报道	

　　3）嵌入性资源。嵌入性资源是本章的一个探索性概念，目前尚缺乏成熟的测度方法。笔者认为，嵌入性资源是社会资本的重要组成部分，它体现了社会资本的关系属性。一般认为，企业的关系资源体现在组织之间的相互信任、承诺和专用性投资三个方面（Wu et al.，2006）。在借鉴 Kale 等（2000）和包凤耐和彭正银（2015）的研究的基础上，本章认为信任维度包括"信任彼此的技术专业程度""相信对方不会泄露机密""信任对方所提供信息的准确性"，承诺维度包括"愿意遵守互惠互利原则""愿意为了双方共同受益而持续改进""愿意为了长期关系而做出短期牺牲"，专用性投资维度包括"为维护彼此的关系投入了大量的时间和精力""为维护彼此的关系在硬件和软件方面进行了专门投资"等，共包括 9 个题项，如表6-6 所示：

表6-6　嵌入性资源测度量表

维度	测量题项	文献来源
嵌入性资源	贵企业与国内合作伙伴信任彼此的技术专业程度	Wu 等（2006）；Kale 等（2000）；包凤耐和彭正银（2015）
	贵企业与国内合作伙伴相信对方不会泄露商业机密	
	贵企业与国内合作伙伴信任对方所提供信息的准确性	
	贵企业与国内合作伙伴承诺遵守互惠互利原则	
	贵企业与国内合作伙伴愿意为了双方共同受益而持续改进	

维度	测量题项	文献来源
嵌入性资源	贵企业与国内合作伙伴愿意为了长期关系而做出短期牺牲	
	贵企业与国内合作伙伴为维护彼此的关系投入了大量的时间和精力	
	贵企业与国内合作伙伴为维护彼此的关系在土地厂房、生产设备、物流设施等硬件方面进行了专门投资	
	贵企业与国内合作伙伴为维护彼此的关系在人力资源、技术知识、业务流程等软件方面进行了专门投资	

4）共同行动。共同行动指标衡量合作伙伴之间参与彼此的运作、共同而非单方面承担活动的程度（Heide and John，1990）。Schreiner 等（2009）不同学者采用伙伴间在不同方面的合作程度来测量共同行动。例如，Hald 等（2006）采用联盟伙伴在研发方面紧密合作、广泛地进行技术共享、在产品开发和技术改进方面合作紧密、在项目实施方面合作紧密等题项测量共同行动。Joshi 和 Stump（1999）则从与供应商共同优化产品、共同降低成本、共同制定长期计划、共同营造工作环境、共同培训员工等维度对共同行动进行测度。基于前人的研究，本章进一步确定了共同行动的活动范围，并设计了以下 5 个题项，如表 6-7 所示：

表 6-7　共同行动测度量表

维度	测量题项	文献来源
共同行动	贵企业与国内合作伙伴共同制定长期预测和需求规划	Heide 和 John（1990）；Joshi 和 Stump（1999）；Schreiner 等（2009）
	贵企业与国内合作伙伴共同制定决策	
	贵企业与国内合作伙伴共同设计新产品	
	贵企业与国内合作伙伴共同开发新产品	
	贵企业与国内合作伙伴共同解决问题和冲突	

3．数据收集

参照统计学理论，本章主要采用非随机抽样调查方法，对问卷的设计、回收与整理历经 8 个月，问卷的发放渠道包括现场发放，邮件发放，微信链接发放，委托中关村软件园、海淀创业园、昌平生物医药基地、大兴生物医药基地、望京科技园等机构发放，委托中关村华侨华人创业大会发放和委托亲友发放等多种方式，具体为：

（1）**通过现场、邮件和微信链接等形式委托科技园辅助发放。** 在小样本和大样本的调研阶段，笔者均借助在各科技园区开展座谈会和实地调研等机会发放问卷，其中 25 份采用现场发放形式的问卷是在中关村软件园参加会议或调研的海归创业者进行填写的；其中 85 份通过邮件和问卷星形式的问卷是在中关村软件园孵化器进行转发和回收，还有 166 份是采用纸质问卷的形式委托海淀创业园、昌平生物医药基地、大兴生物医药基地和望京科技园等机构进行发放。总体来看，本次调研通过委托科技园的形式共发放问卷 276 份，回收率为 44%，有效回收率为 39%。

（2）**在中关村华侨华人创业大会现场发放。** 2016 年 7 月 4～5 日，笔者通过北京市政府侨办的引荐参加了中关村华侨华人创业大会。此次大会邀请了 500 余名海外科技界杰出的华人专家、科技社团负责人、有来京创业发展意向的侨界专业人士以及在京华侨华人创新创业人才等。笔者与课题组成员以大会工作人员的身份向已在京创业的海归人士发放问卷共 67 份，但由于与会人员流动性较高，最后仅回收问卷 8 份，其中有效问卷 6 份，有效回收率较低，仅为 9%。

（3）**委托个人关系网络发放。** 在小样本和大样本阶段，笔者还委托亲朋好友通过转发问卷星链接的形式邀请更多的海归创业者参与到问卷的填写中。由于笔者在问卷星中将大多数题项设置为必填项，跳答或漏答将不能转入下一题，且参与答题的海归创业者多来自笔者或笔者亲朋好友的关系网络，因此以这种形式回收的问卷回收率和有效率都较高。笔者共发放问卷 124 份，回收 97 份，有效问卷为 96 份，有效回收率高达 77%。

总体来看，在大样本调查阶段，笔者共发放问卷 412 份，回收问卷 192

份，回收率为47%，其中按照要求进行删除无效问卷后得到有效问卷179份，有效回收率为43%。问卷发放和回收情况如表6-8所示。关于使用AMOS软件进行结构方程模型分析所需要的样本容量这一问题，不同学者的看法不一，但通常认为样本容量至少在100～120，才能使用极大似然法（ML）进行估计（陈学光，2007）。本次收集到的有效样本数量为179份，满足了结构方程模型分析的基本要求。

表6-8　调查问卷统计

阶段	发放方式	回收时间	发放份数	回收份数	回收率	有效问卷	有效率
小样本调研	中关村软件园（纸质）	2016年5月17～30日	25	10	40%	7	28%
	个人社会网络（电子）	2016年6月5～10日	30	24	80%	24	80%
大样本调研	中关村软件园孵化器（电子）	2016年6月28～30日	85	27	32%	27	32%
	海淀创业园（纸质）	2016年9月10日至10月11日	50	34	68%	32	64%
	大兴生物医药基地（纸质）	2016年10月20日至12月13日	23	4	17%	4	17%
	昌平生物医药基地（纸质）	2016年11月10～24日	50	18	36%	16	32%
	望京科技园（纸质）	2016年11月2日至12月28日	43	28	65%	22	51%
	北京侨创大会（纸质）	2016年7月4～5日	67	8	12%	6	9%
	个人社会网络（电子）	2016年7月23日	94	73	78%	72	77%
	总计		412	192	47%	179	43%

4．分析方法

本章所使用的统计分析软件为 SPSS 20.0 和 AMOS 19.0。主要分析方法有描述性统计、信度检验、效度检验和结构方程模型分析等。其中，SPSS 20.0 统计软件包主要适用于描述性统计分析、信度检验、探索性因子分析等；AMOS 19.0 统计软件包主要适用于验证性因子分析和结构方程的功能。具体的分析方法如下：

（1）**描述性统计分析**。描述性分析主要针对数据的基本特征、样本分布及变量之间的关系作出描述性分析，包括各变量的均值、最大值、最小值、频次分布等情况。

（2）**信度分析**。信度是指运用相同的观测方法对相同的研究对象进行观测，从而得出相同观测结果的可能性，其目的是检验测量工具的稳健性水平。本书采用 Cronbach's Alpha 系数来检验问卷中研究变量在各个测量题项上的一致性程度，并使用 SPSS 20.0 中的 Relativity Analysis 功能进行分析。

（3）**效度分析**。效度分析是用来验证测量手段或工具能够测量出所要考查的内容的准确程度，测量结果与所要测量的事物越吻合，则效度越高，反之则越低。内容效度和结构效度是管理学量表开发中的重要内容。其中，内容效度是指所测变量与题项之间的逻辑相符性和适合性，以确保量表中包含了能够测量此概念的适当且有代表性的题项。本书中使用的问卷是基于现有文献的较为成熟的量表，并根据小样本预调研的结果对量表的题项及其表述方式和措辞等进行了修正和完善，因此可以认为此量表符合内容效度的要求。结构效度是指题项能够衡量所测变量的程度（蔡莉和伊苗苗，2009），本章采用探索性因子分析对量表的结构效度进行检验，并利用 SPSS 20.0 对量表进行 KMO 和 Bartlett's 球形检验。

（4）**结构方程建模**。结构方程模型是利用变量的协方差来分析潜变量与因变量之间关系的一种统计方法，它综合运用了多元回归分析、因子分析和路径分析等多种分析方法，其核心是模型的拟合性，即通过模型检验来判断实际数据与研究者所提出的变量间的关联模式是否拟合以及在多大程度上拟合，从而对研究者的理论模型进行验证（王姝，2012）。根据侯杰泰等（2004）的观点，结构方程建模可以大致分为四个步骤：①模型建构，基于现有理论或研究形成初始的理论模型；②模型拟合，设法求出模型的解，其中最关键的是对模型参数的估计；③模型评价，即对数据与模型的拟合程度进行检验；④模型修正，即对拟合程度较低的模型进行修正和再设定。

5．小样本预测

本章的小样本预调研分两个阶段展开：

2016 年 5 月 17～30 日为第一阶段，笔者在中关村软件园发放纸质版问卷 25 份，共回收 10 份，其中有效问卷 7 份，有效回收率仅为 28%。笔者在分析被调查者的答题结果后发现，大多数题项的作答率较高，但由于创业网络这一构念的测度方法较为复杂（见表 6-9），花费的时间较多，因此只有 7 名被调查者对这一构念的题项进行了完整作答。为进一步地提高有效回收率，笔者在参考了其他学者对创业网络的测度方法后，对这一构念的题项进行了修正。因这一阶段的有效问卷回收率较低，无法进行统计分析，因此笔者在修正题项后展开了第二阶段的预调研。

2016 年 6 月 5～10 日为第二阶段，笔者借助个人关系网络，以微信链接的形式向海归创业者发放问卷共 30 份，回收问卷 24 份，因笔者在网络版问卷中设置了"答题不完整无法进行下一页"的限制条件，因此回收的问卷全部为有效问卷，有效回收率为 80%。笔者对 24 份问卷进行了信度、效度检验，发现创新绩效量表中探索式创新和开发式创新两个子维度的区分度较低（见表 6-10），因此笔者对这一构念进行了修正，用突破性创新这一维度来衡量创新绩效的高低。最终得到大样本调研阶段的问卷。

表 6-9 预调研第一阶段的创业网络量表

请您填写在创业过程中对企业来说最重要的 5 个国内联系人
（为保护隐私，可简写或用代号）

编号	A	B	C	D	E
姓名					
V4 你与联系人之间的关系属于哪种类型： 1. 亲戚 2. 朋友 3. 一般认识					
V5 请选择联系人所属类别： 1. 供应商；2. 竞争对手；3. 客户；4. 政府机构； 5. 金融机构；6. 大学及科研机构；7. 行业协会； 8. 中介服务机构（如会计、律师事务所）；9. 其他					

表 6-10 预调研阶段的创新绩效量表

序号	测量题项
V14 探索式创新	
Q_{14-1}	贵企业不断创造性地研发新产品或新服务
Q_{14-2}	贵企业一直寻求获得全新的技术和知识
Q_{14-3}	贵企业积极利用新市场上的新机会
Q_{14-4}	贵企业总是寻找新的方式来满足顾客需求
Q_{14-5}	贵企业通常在国内市场试验新的产品或服务
Q_{14-6}	贵企业通常主动搜寻并瞄准新的目标客户群
V15 开发式创新	
Q_{15-1}	贵企业不断改进现有产品或服务质量
Q_{15-2}	贵企业持续改进产品或服务以适应国内市场的需求
Q_{15-3}	贵企业努力降低现有产品和服务的成本
Q_{15-4}	贵企业努力提高现有产品和服务的供应效率
Q_{15-5}	贵企业不断扩大产品和服务在现有市场上的规模
Q_{15-6}	贵企业努力为现有客户提供更多的产品和服务

一　描述性统计分析

1. 海归创业者样本分布情况

（1）**海归创业者性别**。在本研究的 179 家海归企业的创建者中，有 128 名创业者（71.26%）为男性，有 51 名创业者（28.74%）为女性，样本企业的海归创业者性别分布如图 6-1 所示。

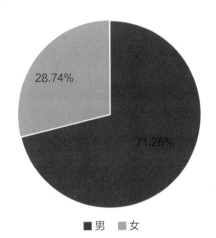

图 6-1　海归创业者性别分布

（2）**海归创业者年龄**。在本研究的 179 家海归企业的创建者中，有 9 名创业者（5.17%）为 1960 年以前出生，有 46 名创业者（25.86%）在 1961～1970 年出生，有 50 名创业者（27.59%）在 1971～1980 年出生，有 68 名创业者（37.93%）在 1981～1990 年出生，有 6 名创业者（3.45%）在 1990 年以后出生。海归创业者的年龄分布如图 6-2 所示。

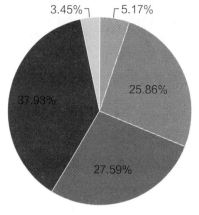

■ 1960年以前　■ 1961~1970年　■ 1971~1980年
■ 1981~1990年　■ 1990年以后

图 6-2　海归创业者出生年份分布

（3）**在海外留学或工作的国家。** 在本研究的 179 家海归企业的创建者中，有 9 名创业者（4.76%）曾在澳洲留学或工作，有 81 名创业者（45.24%）在海外留学或美国工作，有 47 名创业者（26.19%）在海外留学或工作的地区为欧洲，有 23 名创业者（13.10%）在海外留学或工作的国家为日本，有 11 名创业者（5.95%）在海外留学或工作的国家为加拿大，还有 8 名创业者（4.76%）曾经在其他国家或地区留学或工作。海归创业者在海外留学或工作的国家分布如图 6-3 所示。

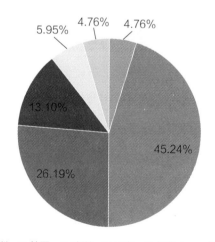

□ 澳洲　■ 美国　■ 欧洲　■ 日本　■ 加拿大　■ 其他

图 6-3　在海外留学或工作的国家分布

（4）**在海外留学或工作的时间。**在本研究的179家海归企业的创建者中，有101名创业者（56.63%）曾在海外留学或工作1~5年，有39名创业者（21.69%）在海外留学或工作的时间为6~10年，有39名创业者（21.69%）在海外留学或工作的时间为11年以上。海归创业者在海外留学或工作的时间分布如图6-4所示。

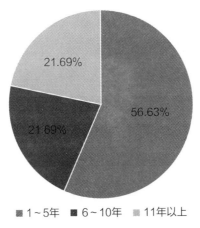

■ 1~5年 ■ 6~10年 ■ 11年以上

图6-4　在海外留学或工作的时间分布

（5）**在海外留学或工作的专业。**在本研究的179家海归企业的创建者中，有36名创业者（20.25%）在海外留学或工作的专业是生物医药，有39名创业者（21.52%）在海外留学或工作的专业为经济管理，有52名创业者（29.11%）在海外留学或工作的专业为计算机、信息通信，有23名创业者（12.66%）在海外留学或工作的专业为能源、机械、土木工程，有4名创业者（2.53%）在海外留学或工作的专业为法律，有7名创业者（3.80%）在海外留学或工作的专业为艺术，还有18名创业者（10.13%）为其他专业，海归创业者在海外留学或工作的专业分布如图6-5所示。

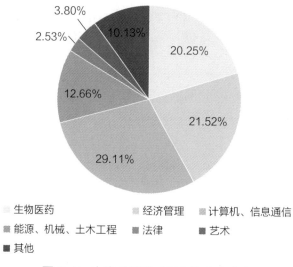

图 6-5　在海外留学或工作的专业分布

（6）**海归创业者学历**。在本研究的 179 家海归企业的创建者中，有 87 名创业者（48.81%）的学历为博士及以上，有 81 名创业者（45.24%）的学历为硕士，有 11 名创业者（5.95%）的学历为本科。海归创业者在海外留学或工作的学历分布如图 6-6 所示。

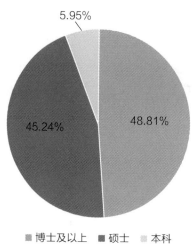

图 6-6　海归创业者的学历分布

海归创业者样本分布的总体情况如表 6-11 所示：

表 6-11 海归创业者样本分布情况

	类别	样本量	比例分布（%）
性别	男	128	71.26
	女	51	28.74
年龄	1960 年以前	9	5.17
	1961~1970 年	46	25.86
	1971~1980 年	50	27.59
	1981~1990 年	68	37.93
	1990 年以后	6	3.45
在海外留学或工作的国家	澳洲	9	4.76
	美国	81	45.24
	欧洲	47	26.19
	日本	23	13.10
	加拿大	11	5.95
	其他	8	4.76
在海外留学或工作的时间	1~5 年	101	56.63
	6~10 年	39	21.69
	11 年以上	39	21.69
在海外留学或工作的专业	生物医药	36	20.25
	经济管理	39	21.52
	计算机、信息通信	52	29.11
	能源、机械、土木工程	23	12.66
	法律	4	2.53
	艺术	7	3.80
	其他	18	10.13
学历	博士及以上	87	48.81
	硕士	81	45.24
	本科	11	5.95

2. 海归创业企业样本分布情况

（1）**企业年龄**。在本研究的 179 家样本企业中，有 127 家企业（71.26%）成立年数在 1~3 年，23 家企业（12.64%）成立年数在 4~5 年，29 家企业

（16.09%）成立年数在 6 ~ 8 年。样本企业的企业年龄分布如图 6-7 所示。

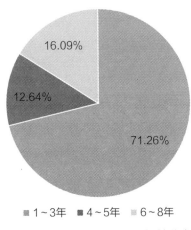

图 6-7　海归创业企业的年龄分布

　　（2）**企业规模。**在本研究的 179 家样本企业中，有 95 家企业（53.01%）2015 年底员工人数在 10 人以下，37 家企业（20.48%）2015 年底员工人数在 11 ~ 20 人，32 家企业（18.07%）2015 年底员工人数在 21 ~ 50 人，15 家企业（8.43%）2015 年底员工人数在 50 人以上。样本企业的企业规模分布如图 6-8 所示。

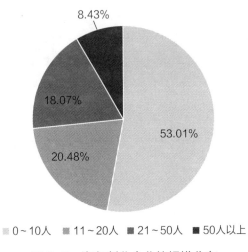

图 6-8　海归创业企业的规模分布

（3）**企业销售收入。**在本研究的179家样本企业中，有96家企业（53.85%）2015年销售收入低于50万元，18家企业（10.26%）2015年销售收入在51万~100万元，35家企业（19.23%）2015年销售收入在101万~500万元，30家企业（16.67%）2015年销售收入在500万元以上。样本企业的2015年销售收入分布如图6-9所示。

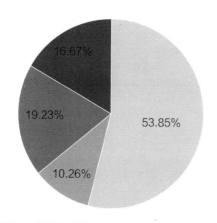

图6-9　海归创业企业的销售收入分布

（4）**企业所属行业。**在本研究的179家样本企业中，有97家企业（54.02%）主营业务所在行业是信息技术，有19家企业（10.34%）主营业务所在行业是高端装备制造业，有2家企业（1.15%）主营业务所在行业是新能源，有4家企业（2.30%）主营业务所在行业是新材料行业，有8家企业（4.60%）主营业务所在行业是节能环保，有39家企业（21.84%）主营业务所在行业是生物制药，有10家企业属于其他行业。样本企业所属行业分布如图6-10所示。

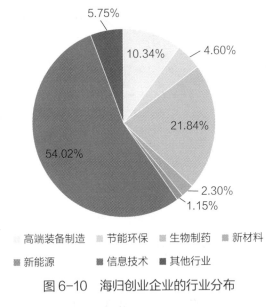

▫ 高端装备制造	▫ 节能环保	▫ 生物制药	▫ 新材料
▫ 新能源	▫ 信息技术	■ 其他行业	

图 6-10　海归创业企业的行业分布

（5）**是否获得风险投资。** 在本研究的 179 家样本企业中，有 115 家企业（64.29%）尚未获得风险投资，有 64 家企业（35.71%）已经获得风险投资。样本企业是否获得风险投资的分布如图 6-11 所示。

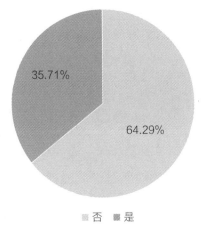

▫ 否　■ 是

图 6-11　是否获得风险投资的分布

（6）**是否获得政府补贴。**在本研究的 179 家样本企业中，有 52 家企业（29.07%）尚未获得政府补贴，有 127 家企业（70.93%）已经获得政府补贴。样本企业是否获得政府补贴的分布如图 6-12 所示。

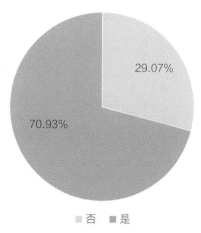

图 6-12　是否获得政府补贴的分布

（7）**是否有海外业务。**在本研究的 179 家样本企业中，有 122 家企业（68.24%）没有海外业务，有 57 家企业（31.76%）有海外业务。样本企业是否有海外业务的分布如图 6-13 所示。

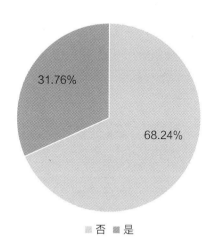

图 6-13　是否有海外业务的分布

海归创业企业样本分布的总体情况如表 6-12 所示。

表 6-12 海归创业企业样本分布情况

	类别	样本量	比例分布（%）
企业年龄（年）	1~3	127	71.26
	4~5	23	12.64
	6~8	29	16.09
企业规模（人）	0~10	95	53.01
	11~20	37	20.48
	21~50	32	18.07
	50 以上	15	8.43
企业销售收入（万元）	0~50	96	53.85
	51~100	18	10.26
	101~500	35	19.23
	500 以上	30	16.67
企业所属行业	高端装备制造	19	10.34
	节能环保	8	4.60
	生物制药	39	21.84
	新材料	4	2.30
	新能源	2	1.15
	信息技术	97	54.02
	其他行业	10	5.75
是否获得风险投资	否	115	64.29
	是	64	35.71
是否获得政府补贴	否	52	29.07
	是	127	70.93
是否有海外业务	否	122	68.24
	是	57	31.76

总体来看，在本研究的 179 家海归创业企业中，有 71.26% 的企业创建时间在 3 年以下，53.01% 的企业规模相对较小，2015 年末的员工数量尚不足 10 人，53.85% 的企业 2015 年底的销售收入在 50 万元以下。企业所属行

业以信息技术和生物制药行业为主，在高端装备制造、节能环保等行业也广泛分布。64.29%的企业尚未获得风险投资，但70.93%的企业获得了政府补贴，68.24%的企业主要以国内市场为主，尚未开展海外业务。从海归企业的创建者来看，绝大多数创业者为男性，比例达到71.26%。这些创业者在各年龄段分布较为均匀，相对而言1981～1990年出生的创业者比例较高，达到37.93%，可见海归创业行为呈现出年轻化的趋势。海归创业者曾经留学或工作的国家以欧美国家和地区为主，在日本、澳洲和加拿大等发达国家和地区留学或工作的比例也较高。大多数海归创业者在海外留学或工作的时间为1～5年，比例达到56.63%，也有43.37%的海归创业者在海外的时间长达6～10年甚至11年以上。这些海归创业者在海外留学或工作的专业分布较为广泛，但主要以计算机、通信、生物医药和经济管理为主，且高达94.05%的创业者获得了硕士及博士学位。

🈩 信度和效度检验

1. 信度分析

依据 Hair 等（2009）与 Devellis（1991）的观点，当 Cronbach's α 系数大于 0.7 时，则认为信度较为良好。本章删除了被删除后使 Cronbach's α 系数增加的题项和与其他题项总分相关程度低于 0.5 的题项，从而使信度系数达到了相关要求。

如表 6-13 所示，本书研究的变量认知学习、实践学习的 CITC 均大于 0.5 的标准，表明测量题项符合研究要求，Cronbach's α 系数分别为 0.863、0.943，均大于 0.7 的标准，表明变量具有良好的内部一致性信度，从"删除该题项的 Cronbach's α 值"来看，删除任意题项均不会使 Cronbach's α 值增加，这也表明变量具有较好的信度。

表 6-13　创业学习信度分析

因素	题项	CITC	删除该题项的 Cronbach's α	Cronbach's α
认知学习	Cog1	0.743	0.812	0.863
	Cog2	0.737	0.815	
	Cog3	0.692	0.834	
	Cog4	0.676	0.839	
实践学习	Pra1	0.895	0.906	0.943
	Pra2	0.900	0.902	
	Pra3	0.849	0.941	

从表 6-14 可知，本书研究的变量网络规模、网络强度的 CITC 均大于 0.5 的标准，表明测量题项符合研究要求，Cronbach's α 系数分别为 0.922、0.931，均大于 0.7 的标准，表明变量具有良好的内部一致性信度。从"删除该题项的 Cronbach's α 值"来看，删除任意题项均不会使 Cronbach's α 值增加，这也表明变量具有较好的信度。

表 6-14　创业网络信度分析

因素	题项	CITC	删除该题项的 Cronbach's α	Cronbach's α
网络规模	Het1	0.779	0.910	0.922
	Het2	0.792	0.909	
	Het3	0.757	0.911	
	Het4	0.694	0.915	
	Het5	0.662	0.917	
	Het6	0.709	0.914	
	Het7	0.691	0.915	
	Het8	0.687	0.916	
	Het9	0.724	0.913	
网络强度	Net1	0.695	0.926	0.931
	Net2	0.787	0.921	
	Net3	0.768	0.922	

因素	题项	CITC	删除该题项的 Cronbach's α	Cronbach's α
	Net4	0.782	0.921	
	Net5	0.727	0.925	
网络强度	Net6	0.689	0.927	
	Net7	0.772	0.922	0.931
	Net8	0.736	0.924	
	Net9	0.769	0.922	

从表 6-15 可知，本书研究的变量合法性资源的 Cronbach's α 系数为 0.819，均大于 0.7 的标准，表明变量具有良好的内部一致性信度。除了题目 "Leg7""Leg8""Leg9" 的 CITC 均小于 0.5 的标准，且从 "删除该题项的 Cronbach's α 值" 来看，删除任意题项均会使 Cronbach's α 值增加，所以应该删除题目 "Leg7""Leg8""Leg9"，其余题项的 CITC 均大于 0.5 的标准，且其余题目任意一题项均不会引发 Cronbach's α 值增加；因此删除题目 "Leg7""Leg8""Leg9" 后再次执行信度分析得到表 6-16。

表 6-15 合法性资源信度分析

因素	题项	CITC	删除该题项的 Cronbach's α	Cronbach's α
	Leg1	0.717	0.780	
	Leg2	0.679	0.781	
	Leg3	0.661	0.783	
	Leg4	0.542	0.798	
合法性资源	Leg5	0.704	0.776	0.819
	Leg6	0.505	0.803	
	Leg7	0.431	0.813	
	Leg8	0.224	0.829	
	Leg9	0.197	0.832	

如表 6-16 所示，本书研究的变量合法性资源的 CITC 均大于 0.5 的标准，表明测量题项符合研究要求，Cronbach's α 系数为 0.857，均大于 0.7 的

标准，表明变量具有良好的内部一致性信度。从"删除该题项的 Cronbach's α 值"来看，删除任意题项均不会使 Cronbach's α 值增加，这也表明变量具有较好的信度。

表 6-16　删除部分题项后合法性资源信度分析

因素	题项	CITC	删除该题项的 Cronbach's α	Cronbach's α
合法性资源	Leg1	0.723	0.823	0.857
	Leg2	0.691	0.825	
	Leg3	0.646	0.833	
	Leg4	0.584	0.846	
	Leg5	0.702	0.823	
	Leg6	0.561	0.850	

由表 6-17 可知，本书研究的变量嵌入性资源的 Cronbach's α 系数为 0.837，均大于 0.7 的标准，表明变量具有良好的内部一致性信度。除了题目中"Emb5""Emb8""Emb9"的 CITC 均小于 0.5 的标准，且从"删除该题项的 Cronbach's α 值"来看，删除任意题项均会使 Cronbach's α 值增加，所以应该删除题目"Emb5""Emb8""Emb9"，其余题项的 CITC 均大于 0.5 的标准，且其余题目任意一题项均不会引发 Cronbach's α 值增加。因此删除题目"Emb5""Emb8""Emb9"后再次执行信度分析得到表 6-18。

表 6-17　嵌入性资源信度分析

因素	题项	CITC	删除该题项的 Cronbach's α	Cronbach's α
嵌入性资源	Emb1	0.664	0.807	0.837
	Emb2	0.689	0.804	
	Emb3	0.722	0.801	
	Emb4	0.641	0.810	
	Emb5	0.428	0.833	
	Emb6	0.738	0.796	

因素	题项	CITC	删除该题项的 Cronbach's α	Cronbach's α
嵌入性资源	Emb7	0.559	0.820	
	Emb8	0.415	0.835	
	Emb9	0.100	0.863	

如表 6-18 所示，本书研究的变量嵌入性资源的 CITC 均大于 0.5 的标准，表明测量题项符合研究要求，Cronbach's α 系数为 0.898，均大于 0.7 的标准，表明变量具有良好的内部一致性信度。从"删除该题项的 Cronbach's α 值"来看，删除任意题项均不会使 Cronbach's α 值增加，这也表明变量具有较好的信度。

表 6-18　删除部分题项后嵌入性资源信度分析

因素	题项	CITC	删除该题项的 Cronbach's α	Cronbach's α
嵌入性资源	Emb1	0.721	0.880	0.898
	Emb2	0.742	0.877	
	Emb3	0.767	0.873	
	Emb4	0.727	0.879	
	Emb6	0.787	0.870	
	Emb7	0.604	0.896	

如表 6-19 所示，本书研究的变量互补性资源的 Cronbach's α 系数为 0.838，均大于 0.7 的标准，表明变量具有良好的内部一致性信度。除了题目"Com1"的 CITC 均小于 0.5 的标准，且从"删除该题项的 Cronbach's α 值"来看，删除任意题项均会使 Cronbach's α 值增加，所以应该删除题目"Com1"，其余题项的 CITC 均大于 0.5 的标准，且其余题目任意一题项均不会引发 Cronbach's α 值增加。因此删除题目"Com1"后再次执行信度分析得到表 6-20。

表 6-19　互补性资源信度分析

因素	题项	CITC	删除该题项的 Cronbach's α	Cronbach's α
互补性资源	Com1	0.449	0.846	0.838
	Com2	0.680	0.800	
	Com3	0.602	0.814	
	Com4	0.595	0.816	
	Com5	0.778	0.778	
	Com6	0.606	0.814	

从表 6-20 可知，本书研究的变量互补性资源的 CITC 均大于 0.5 的标准，表明测量题项符合研究要求。Cronbach's α 系数为 0.846，均大于 0.7 的标准，表明变量具有良好的内部一致性信度。从"删除该题项的 Cronbach's α 值"来看，删除任意题项均不会使 Cronbach's α 值增加，这也表明变量具有较好的信度。

表 6-20　删除部分题项后互补性资源信度分析

因素	题项	CITC	删除该题项的 Cronbach's α	Cronbach's α
互补性资源	Com2	0.708	0.801	0.846
	Com3	0.599	0.830	
	Com4	0.597	0.829	
	Com5	0.750	0.788	
	Com6	0.622	0.824	

如表 6-21 所示，本书研究的变量共同行动的 Cronbach's α 系数为 0.859，均大于 0.7 的标准，表明变量具有良好的内部一致性信度。除了题目"Act5"的 CITC 均小于 0.5 的标准，且从"删除该题项的 Cronbach's α 值"来看，删除任意题项均会使 Cronbach's α 值增加，所以应该删除题目"Act5"，其余题项的 CITC 均大于 0.5 的标准，且其余题目任意一题项均不会引发 Cronbach's α 值增加。因此删除题目"Act5"后再次执行信度分析得到表 6-22。

表 6-21　共同行动信度分析

因素	题项	CITC	删除该题项的 Cronbach's α	Cronbach's α
共同行动	Act1	0.770	0.805	0.859
	Act2	0.734	0.818	
	Act3	0.770	0.804	
	Act4	0.671	0.831	
	Act5	0.456	0.878	

从表 6-22 可知，本书研究的变量共同行动的 CITC 均大于 0.5 的标准，表明测量题项符合研究要求。Cronbach's α 系数为 0.878，均大于 0.7 的标准，表明变量具有良好的内部一致性信度。从"删除该题项的 Cronbach's α 值"来看，删除任意题项均不会使 Cronbach's α 值增加，这也表明变量具有较好的信度。

表 6-22　删除部分题项后共同行动信度分析

因素	题项	CITC	删除该题项的 Cronbach's α	Cronbach's α
共同行动	Act1	0.783	0.827	0.878
	Act2	0.723	0.853	
	Act3	0.777	0.828	
	Act4	0.685	0.864	

从表 6-23 可知，本书研究的变量突破性创新的 CITC 均大于 0.5 的标准，表明测量题项符合研究要求。Cronbach's α 系数为 0.920，均大于 0.7 的标准，表明变量具有良好的内部一致性信度。从"删除该题项的 Cronbach's α 值"来看，删除任意题项均不会使 Cronbach's α 值增加，这也表明变量具有较好的信度。

表6-23　突破性创新信度分析

因素	题项	CITC	删除该题项的 Cronbach's α	Cronbach's α
突破性创新	Inn1	0.768	0.908	0.920
	Inn2	0.825	0.897	
	Inn3	0.759	0.910	
	Inn4	0.780	0.905	
	Inn5	0.844	0.892	

2．效度分析

探索性因子分析是一项用来找出多元观测变量的本质结构并进行处理降维的技术，在因子分析后依据题项的聚集情况进行命名。一般在进行探索性因子分析之前，要先进行因子分析的可行性检验，当满足KMO>0.7和Bartlett's球形检验显著（Sig.<0.005）两个条件后方可进行探索性因子分析（Field，2007）。通常来说，当因子分析结果满足下列条件时，则认为量表具有良好的结构效度（Tomaz et al.，2010；Hair et al.，1998）：因子负荷量（Factor Loading）大于0.5，交叉载荷量（Cross Loading）小于0.4，各个测量题项均落在符合的构面。学者大多通过缩减题项对量表进行修正，删减题项的基本条件包括：删除因子负荷量过低的题项，如在0.5以下为负荷量过低，代表该题项信度不佳，无法反映出真正的因子的测量。因此应删除交叉载荷大于0.4的题项，删除跑错构面的题项。基于量表精简的原则，将不符合要求的题项加以删除后重新进行分析，重复这些操作，直到得到具有良好结构效度的量表。

利用SPSS 20.0对创业学习量表进行KMO和Bartlett's球形检验，结果如表6-24所示，得到KMO=0.850，大于0.7，Bartlett's球形检验值显著（Sig.<0.001），这表明问卷数据满足因子分析的前提要求，因此进一步采用主成分分析法进行因子提取，将固定抽取因子数作为因子提取公因子，采用方差最大正交旋转进行因子旋转，因子分析结果见表6-25。

表 6-24　创业学习量表的 KMO 和 Bartlett's 检验

取样足够度的 Kaiser-Meyer-Olkin 度量		0.850
Bartlett's 的球形检验	近似卡方	899.880
	df	21
	Sig.	0.000

从表 6-25 可以看出因子分析结果总共得到 2 个因子，解释能力分别为 40.382%、38.974%，总解释能力达到 79.356%，大于 50%，表明筛选出来的 2 个因子具有良好的代表性。因子负荷量系数见表 6-26。由表 6-26 可知，各个测量题项的因子负荷量均大于 0.5，且交叉载荷均小于 0.4，每个题项均落到对应的因子中，表明创业学习量表具有良好的结构效度。

表 6-25　创业学习量表的总方差解释

成分	初始特征值			提取载荷平方和			旋转载荷平方和		
	总计	方差百分比	累积百分比	总计	方差百分比	累积（%）	总计	方差百分比	累积百分比
1	4.396	62.802	62.802	4.396	62.802	62.802	2.827	40.382	40.382
2	1.159	16.554	79.356	1.159	16.554	79.356	2.728	38.974	79.356
3	0.479	6.849	86.205						
4	0.426	6.081	92.287						
5	0.256	3.662	95.949						
6	0.179	2.551	98.500						
7	0.105	1.500	100.000						

表 6-26　创业学习量表的旋转后的成分矩阵

Factor	Items	成分	
		1	2
认知学习	Cog1	0.855	
	Cog2	0.832	
	Cog3	0.777	
	Cog4	0.732	
实践学习	Pra1		0.886
	Pra2		0.904
	Pra3		0.913

利用 SPSS 20.0 进行探索性因子分析对创业网络量表进行 KMO 和 Bartlett's 球形检验，结果如表 6-27 所示。由该表可知，KMO=0.919，大于 0.7，Bartlett's 球形检验值显著（Sig.<0.001），这表明问卷数据满足因子分析的前提要求，因此进一步采用主成分分析法进行因子提取，将固定抽取因子数作为因子提取公因子，采用方差最大正交旋转进行因子旋转，因子分析结果见表 6-28。

表 6-27　创业网络量表的 KMO 和 Bartlett's 检验

取样足够度的 Kaiser-Meyer-Olkin	度量	0.919
Bartlett's 的球形检验	近似卡方	2086.112
	df	153
	Sig.	0.000

表 6-28　创业网络量表的总方差解释

成分	初始特征值			提取载荷平方和			旋转载荷平方和		
	总计	方差百分比	累积百分比	总计	方差百分比	累积百分比	总计	方差百分比	累积百分比
1	7.729	42.936	42.936	7.729	42.936	42.936	5.898	32.765	32.765
2	3.756	20.865	63.801	3.756	20.865	63.801	5.587	31.036	63.801
3	0.764	4.246	68.047						
4	0.658	3.654	71.702						
5	0.652	3.623	75.325						
6	0.615	3.419	78.744						
7	0.495	2.747	81.491						
8	0.452	2.510	84.002						
9	0.408	2.265	86.266						
10	0.381	2.116	88.382						
11	0.346	1.922	90.304						
12	0.309	1.717	92.021						
13	0.301	1.672	93.693						

成分	初始特征值			提取载荷平方和			旋转载荷平方和		
	总计	方差百分比	累积百分比	总计	方差百分比	累积百分比	总计	方差百分比	累积百分比
14	0.290	1.611	95.304						
15	0.263	1.462	96.766						
16	0.233	1.292	98.058						
17	0.186	1.033	99.091						
18	0.164	0.909	100.000						

从表 6-28 可以看出因子分析结果总共得到 2 个因子，解释能力分别为 32.765%、31.036%，总解释能力达到 63.801%，大于 50%，表明筛选出来的 2 个因子具有良好的代表性。因子负荷量系数见表 6-29。由表 6-29 可知，各个测量题项的因子负荷量均大于 0.5，且交叉载荷均小于 0.4，每个题项均落到对应的因子中，表明创业网络量表具有良好的结构效度。

表 6-29　创业网络量表旋转后的成分矩阵

Factor	Items	成分	
		1	2
网络规模	Het1		0.798
	Het2		0.846
	Het3		0.798
	Het4		0.755
	Het5		0.689
	Het6		0.761
	Het7		0.765
	Het8		0.763
	Het9		0.778
网络强度	Net1	0.746	
	Net2	0.836	
	Net3	0.829	
	Net4	0.817	

Factor	Items	成分	
		1	2
网络强度	Net5	0.783	
	Net6	0.750	
	Net7	0.811	
	Net8	0.774	
	Net9	0.786	

利用 SPSS 20.0 进行探索性因子分析对创业资源量表进行 KMO 和 Bartlett's 球形检验，结果如表 6-30 所示。如表 6-30 所示，KMO=0.863，大于 0.7，Bartlett's 球形检验值显著（Sig.<0.001），这表明问卷数据满足因子分析的前提要求，因此进一步采用主成分分析法进行因子提取，将固定抽取因子数作为因子提取公因子，采用方差最大正交旋转进行因子旋转，因子分析结果见表 6-31。

表 6-30　创业资源量表的 KMO 和 Bartlett's 检验

取样足够度的 Kaiser-Meyer-Olkin	度量	0.863
Bartlett's 的球形检验	近似卡方	1456.362
	df	136
	Sig.	0.000

表 6-31　创业资源量表的总方差解释

成分	初始特征值			提取载荷平方和			旋转载荷平方和		
	总计	方差百分比	累积百分比	总计	方差百分比	累积百分比	总计	方差百分比	累积百分比
1	5.480	32.234	32.234	5.480	32.234	32.234	4.011	23.597	23.597
2	2.929	17.227	49.461	2.929	17.227	49.461	3.588	21.108	44.705
3	2.357	13.863	63.325	2.357	13.863	63.325	3.165	18.619	63.325
4	0.778	4.574	67.899						
5	0.658	3.869	71.768						
6	0.624	3.673	75.440						

成分	初始特征值			提取载荷平方和			旋转载荷平方和		
	总计	方差百分比	累积百分比	总计	方差百分比	累积百分比	总计	方差百分比	累积百分比
7	0.595	3.501	78.941						
8	0.555	3.262	82.203						
9	0.468	2.754	84.957						
10	0.438	2.577	87.534						
11	0.404	2.374	89.908						
12	0.376	2.212	92.120						
13	0.349	2.051	94.171						
14	0.279	1.644	95.815						
15	0.266	1.565	97.380						
16	0.236	1.387	98.767						
17	0.210	1.233	100.000						

从表 6-31 可以看出因子分析结果总共得到 3 个因子，解释能力分别为 23.597%、21.108%、18.619%，总解释能力达到 63.325%，大于 50%，表明筛选出来的 3 个因子具有良好的代表性。因子负荷量系数如表 6-32 所示。由该表可知，各个测量题项的因子负荷量均大于 0.5，且交叉载荷均小于 0.4，每个题项均落到对应的因子中，表明资源量表具有良好的结构效度。

表 6-32　创业资源量表旋转后的成分矩阵

Factor	Items	成分		
		1	2	3
合法性资源	Leg1		0.819	
	Leg2		0.759	
	Leg3		0.762	
	Leg4		0.681	
	Leg5		0.827	
	Leg6		0.664	

Factor	Items	成分		
		1	2	3
嵌入性资源	Emb1	0.821		
	Emb2	0.797		
	Emb3	0.850		
	Emb4	0.789		
	Emb6	0.849		
	Emb7	0.697		
互补性资源	Com2			0.835
	Com3			0.708
	Com4			0.722
	Com5			0.848
	Com6			0.749

利用 SPSS 20.0 进行探索性因子分析对共同行动量表进行 KMO 和 Bartlett's 球形检验，结果如表 6-33 所示。由该表可得到 KMO=0.824，大于 0.7，Bartlett's 球形检验值显著（Sig.<0.001），表明问卷数据满足因子分析的前提要求，因此进一步采用主成分分析法进行因子提取，将固定抽取因子数作为因子提取公因子，采用方差最大正交旋转进行因子旋转，因子分析结果见表 6-34。

表 6-33　共同行动量表的 KMO 和 Bartlett's 检验

取样足够度的 Kaiser-Meyer-Olkin	度量	0.824
Bartlett's 的球形检验	近似卡方	364.259
	df	6
	Sig.	0.000

表 6-34　共同行动量表的总方差解释

成分	初始特征值			提取载荷平方和		
	总计	方差百分比	累积百分比	总计	方差百分比	累积百分比
1	2.943	73.571	73.571	2.943	73.571	73.571

成分	初始特征值			提取载荷平方和		
	总计	方差百分比	累积百分比	总计	方差百分比	累积百分比
2	0.433	10.819	84.389			
3	0.378	9.458	93.848			
4	0.246	6.152	100.000			

从表 6-34 可以看出，因子分析结果总共得到 1 个因子，解释能力为 73.571%，总解释能力达到 73.571%，大于 50%，表明筛选出来的这个因子具有良好的代表性。因子负荷量系数见表 6-35。由该表可知，各个测量题项的因子负荷量均大于 0.5，且交叉载荷均小于 0.4，每个题项均落到对应的因子中，表明共同行动量表具有良好的结构效度。

表 6-35　共同行动量表的成分矩阵

Factor	Items	成分
		1
共同行动	Act1	0.885
	Act2	0.845
	Act3	0.880
	Act4	0.819

利用 SPSS 20.0 进行探索性因子分析对量表进行 KMO 和 Bartlett's 球形检验，结果如表 6-36 所示。由该表可得到 KMO=0.899，大于 0.7，Bartlett's 球形检验值显著（Sig.<0.001），这表明问卷数据满足因子分析的前提要求，因此进一步采用主成分分析法进行因子提取，将固定抽取因子数作为因子提取公因子，采用方差最大正交旋转进行因子旋转，因子分析结果见表 6-37。

表 6-36　突破性创新量表的 KMO 和 Bartlett's 检验

取样足够度的 Kaiser-Meyer-Olkin	度量	0.899
Bartlett's 的球形检验	近似卡方	608.783
	df	10
	Sig.	0.000

表6-37 突破性创新量表的总方差解释

成分	初始特征值			提取载荷平方和		
	总计	方差百分比（%）	累积百分比（%）	总计	方差百分比（%）	累积百分比（%）
1	3.802	76.046	76.046	3.802	76.046	76.046
2	0.375	7.510	83.556			
3	0.340	6.795	90.351			
4	0.255	5.094	95.445			
5	0.228	4.555	100.000			

从表6-37可以看出因子分析结果总共得到1个因子，解释能力为76.046%，总解释能力达到76.046%，大于50%，表明筛选出来的这个因子具有良好的代表性。因子负荷量系数见表6-38。由该表可知，各个测量题项的因子负荷量均大于0.5，且交叉载荷均小于0.4，每个题项均落到对应的因子中，表明突破性创新量表具有良好的结构效度。

表6-38 突破性创新量表的成分矩阵

Factor	Items	成分
突破性创新	Inn1	0.853
	Inn2	0.893
	Inn3	0.845
	Inn4	0.862
	Inn5	0.906

第三节 结构方程建模与检验

1. 初步数据分析

通过使用SPSS 20.0，对179份有效样本数据的峰度和偏度进行分析，结果表明各题项所获得的样本数据均满足正态分布要求。此外，前文已经对本书样本数据的信度和效度进行了检验。可见，本书所采用的样本的容量、分布状态和信度与效度均达到了结构方程模型分析的基本要求。

在构建结构方程模型前，还要对结构方程涉及的所有变量进行简单的相关分析。前文通过信度及效度分析确定了量表的维度结构及对应的题项，计算各个维度题项得分的平均值作为这个维度的得分，再进行相关分析。由表 6-39 可知，从相关统计分析的结果来看，创业网络、创业学习、合法性资源、嵌入性资源、互补性资源、共同行动与突破性创新的相关系数分别为：0.344、0.389、0.462、0.467、0.434、0.536，表明创业网络、创业学习、合法性资源、嵌入性资源、互补性资源、共同行动与突破性创新之间在 0.1 或 0.05 的显著性水平上均呈正向相关关系，初步验证了本章的预期假设。但是，相关关系只能表明变量之间是否相关，却无法说明变量之间是否存在因果关系及其影响作用的大小。因此，本章进一步采用了结构方程模型，对前文提出的概念模型与研究假设以及变量之间的关系进行更加精确的验证。

表 6-39　相关性分析

		创业网络	创业学习	合法性资源	嵌入性资源	互补性资源	共同行动	突破性创新
创业网络	皮尔逊相关性	1						
创业学习	皮尔逊相关性	0.365**	1					
合法性资源	皮尔逊相关性	0.248**	0.294**	1				
嵌入性资源	皮尔逊相关性	0.167*	0.201**	0.265**	1			
互补性资源	皮尔逊相关性	0.214**	0.210**	0.301**	0.230**	1		
共同行动	皮尔逊相关性	0.342**	0.237**	0.396**	0.423**	0.429**	1	
突破性创新	皮尔逊相关性	0.344**	0.389**	0.462**	0.467**	0.434**	0.536**	1

注：显著性水平，*$P<0.1$，**$P<0.05$，***$P<0.01$。

2. 模型初步拟合与修正确定

应用 SEM 对理论模型进行验证的核心在于模型适配度（Byrne，2010），即变量间关联的模式是否与实际数据拟合以及拟合的程度，通过模型所估算出来的期望共变异数矩阵与样本共变异数矩阵一致性的程度衡量，配适度越好，表明模型与样本越接近。为此，本章选择了以下几个指标对模型的整体拟合优度进行评估，包括包含 CMIN 检验、CMIN/DF 的比值、配适度指标（GFI）、调整后的配适度（AGFI）、平均近似误差均方根（RMSEA）、非基准配适指标（TLI）、渐增式配适指标（IFI）、比较配适度指标（CFI）等，评价数据与模型的拟合程度时要综合考虑多个指标，当绝大多数指标都满足要求时可以认为数据与模型拟合程度较好。

本章利用 AMOS 软件对初始结构方程模型进行统计分析，拟合结果如表 6-40、表 6-41 和图 6-14 所示。从表 6-41 可知，CMIN 的值为 467.418，CMIN/DF 的值为 1.489，小于 3 以下的标准，GFI=0.942、AGFI=0.810 不到 0.9 以上的标准，但仍符合 Baumgartner 和 Homburg（1995）及 Doll 等（1994）建议的 0.8 以上的水平，TLI、IFI、CFI 均达到 0.9 以上的标准，RMSEA 为 0.053，达到 0.08 以下的标准，大多的拟合指标均符合一般 SEM 研究的标准，因此可以认为这个模型有不错的配适度，拟合效果较好。

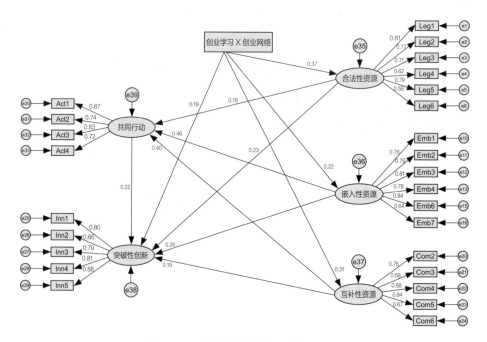

图 6-14　本章的结构方程模型关系

从表 6-40 可以看出，该模型中潜变量估计参数的标准化估计值比较适中，参数估计的标准差和 C.R. 检验值均大于零，表明该测量模型满足基本的拟合标准。模型中创业学习与创业网络的交互作用对互补性资源、嵌入性资源、合法性资源的 β 分别为 0.308、0.224、0.367，且 P 值均小于 0.05，表明创业学习与创业网络的交互作用对互补性资源、嵌入性资源、合法性资源之间均存在正向显著相关，H1a，H1b，H1c 假设成立；合法性资源、嵌入性资源、互补性资源对共同行动的 β 分别为 0.189、0.456、0.401，且 P 值均小于 0.05，表明合法性资源、嵌入性资源、互补性资源对共同行动之间均存在显著的正向相关关系，H4a，H4b，H4c 假设成立；创业学习与创业网络的交互作用对突破性创新的 β 为 0.189，P 值小于 0.05，表明创业学习与创业网络的交互作用对突破性创新之间存在显著的正向相关，假设 H2 成立。

表6-40　结构方程模型路径系数

			标准化估计值	非标准化估计值	标准误 S.E.	C.R.（t-value）	P
互补性资源	←	创业学习 × 创业网络	0.308	0.061	0.016	3.811	***
嵌入性资源	←	创业学习 × 创业网络	0.224	0.05	0.018	2.824	0.005
合法性资源	←	创业学习 × 创业网络	0.367	0.073	0.016	4.667	***
共同行动	←	合法性资源	0.189	0.257	0.096	2.674	0.008
共同行动	←	嵌入性资源	0.456	0.553	0.092	5.991	***
共同行动	←	互补性资源	0.401	0.549	0.105	5.235	***
突破性创新	←	合法性资源	0.233	0.279	0.089	3.121	0.002
突破性创新	←	嵌入性资源	0.262	0.28	0.089	3.166	0.002
突破性创新	←	互补性资源	0.186	0.224	0.099	2.259	0.024
突破性创新	←	共同行动	0.218	0.192	0.085	2.273	0.023
突破性创新	←	创业学习 × 创业网络	0.189	0.045	0.017	2.67	0.008

注：显著性水平，*P<0.01，**P<0.05，***P<0.001。

表 6-41　结构方程模型拟合指标

适配度指标		检验结果	衡量标准	
			标准值	可接受值
绝对适配量	GFI	0.842	>0.9	0.8 ~ 0.9
	RMSEA	0.053	<0.05	0.05 ~ 0.1
	AGFI	0.810	>0.9	
增值适配量	IFI	0.943	>0.9	
	TLI	0.936	>0.9	
	CFI	0.942	>0.9	
简效适配量	CMIN/DF	1.489	1 ~ 3	3 ~ 5

3. 模型中介效应分析

中介效用检验常用的方法是由 Baron 和 Kenny（1986）提出的因果法，但 Frilz 和 MacKinnon（2007）认为这一方法的统计功效较低，因此学者通常增加 Sobel（1982）检验作为因果法的重要补充，但这一检验需要假设间接效应的样本是正态分布，而这一假设通常都不成立。因此本书采用 McKinnom（2007）建议的 Bootstrap 方法。参照 Hayes（2009）的建议，本书设定 Bootstrap 样本数为 1000，执行中介效应检验。根据 Preacher 和 Hayes（2008）的研究，当 Bootstrap 置信区间不包含 0，或当 Z 值大于 1.96 时，则说明对应的直接、间接或总效应存在。

（1）**互补性资源结构模型中介检验结果。**本书中，互补性资源的间接效应，在 95% 置信水平下 Mackinnon PRODCLIN2 方法置信区间为 [0.0015, 0.0334]，不包含 0 在内，说明间接效应存在。表明互补性资源在创业学习和创业网络的交互作用与突破性创新之间具有部分中介效应，H3a 假设成立。

（2）**合法性资源结构模型中介检验结果。**本书中，合法性资源的间接效应，在 95% 置信水平下，Mackinnon PRODCLIN2 方法置信区间为 [0.0056,0.0420]，不包含 0 在内，说明间接效应存在。表明合法性资源在创业学习和创业网络的交互作用与突破性创新之间具有部分中介效应，H3b 假设成立。

（3）嵌入性资源结构模型中介检验结果。本书中，嵌入性资源的间接效应在95%置信水平下，Mackinnon PRODCLIN2方法置信区间为 [0.0024, 0.0334]，不包含0在内，说明间接效应存在。表明嵌入性资源在创业学习和创业网络的交互作用与突破性创新之间具有部分中介效应，H3c假设成立。

（4）共同行动在互补性资源与突破性创新之间的检验结果。本书中，共同行动的间接效应在95%置信水平下，Mackinnon PRODCLIN2方法置信区间为 [0.0131,0.2299]，不包含0在内，说明间接效应存在。表明共同行动在互补性资源与突破性创新之间具有部分中介效应，H5a假设成立。

（5）共同行动在合法性资源与突破性创新之间的中介检验结果。本书中，共同行动的间接效应在95%置信水平下，Mackinnon PRODCLIN2方法置信区间为 [0.0041,0.1266]，不包含0在内，说明间接效应存在。表明共同行动在合法性资源与突破性创新之间具有部分中介效应，H5b假设成立。

（6）共同行动在嵌入性资源与突破性创新之间的中介检验结果。本书中，共同行动的间接效应在95%置信水平下，Mackinnon PRODCLIN2方法置信区间为 [0.0129,0.2308]，不包含0在内，说明间接效应存在。表明共同行动在嵌入性资源与突破性创新之间具有部分中介效应，H5c假设成立（见表6-42）。

表6-42　中介效应检验结果

	点估计值	Mackinnon PRODCLIN2	
		Lower	Upper
创业学习 × 创业网络—互补性资源—突破性创新	0.455	0.0015	0.0334
创业学习 × 创业网络—嵌入性资源—突破性创新	0.455	0.0024	0.0334
创业学习 × 创业网络—合法性资源—突破性创新	0.455	0.0056	0.0420
合法性资源—共同行动—突破性创新	0.274	0.0041	0.1266
嵌入性资源—共同行动—突破性创新	0.362	0.0129	0.2308
互补性资源—共同行动—突破性创新	0.273	0.0131	0.2299

本研究的理论模型所有假设的检验结果如表6-43所示。

表6-43　理论模型假设的检验结果

假设	描述	检验结果	结论
H1	本土创业网络与创业学习的交互作用与创业资源的获取正相关	正且显著	支持
H1a	本土创业网络与创业学习的交互作用与互补性资源的获取正相关	正且显著	支持
H1b	本土创业网络与创业学习的交互作用与合法性资源的获取正相关	正且显著	支持
H1c	本土创业网络与创业学习的交互作用与嵌入性资源的获取正相关	正且显著	支持
H2	本土创业网络与创业学习的交互作用与突破性创新绩效正相关	正且显著	支持
H3	创业资源在本土创业网络与创业学习的交互作用与突破性创新绩效的正相关关系中起到中介作用	正且显著	支持
H3a	互补性资源在本土创业网络与创业学习的交互作用与突破性创新绩效的正相关关系中起到中介作用	正且显著	支持
H3b	合法性资源在本土创业网络与创业学习的交互作用与突破性创新绩效的正相关关系中起到中介作用	正且显著	支持
H3c	嵌入性资源在本土创业网络与创业学习的交互作用与突破性创新绩效的正相关关系中起到中介作用	正且显著	支持
H4	创业资源的获取与合作伙伴之间的共同行动正相关	正且显著	支持
H4a	互补性资源的获取与合作伙伴之间的共同行动正相关	正且显著	支持
H4b	合法性资源的获取与合作伙伴之间的共同行动正相关	正且显著	支持
H4c	嵌入性资源的获取与合作伙伴之间的共同行动正相关	正且显著	支持
H5	共同行动在创业资源与突破性创新绩效的正相关关系中起到中介作用	正且显著	支持
H5a	共同行动在互补性资源与突破性创新绩效的正相关关系中起到中介作用	正且显著	支持
H5b	共同行动在合法性资源与突破性创新绩效的正相关关系中起到中介作用	正且显著	支持
H5c	共同行动在嵌入性资源与突破性创新绩效的正相关关系中起到中介作用	正且显著	支持

第七章

结论与展望

———————

本书从创新生态的视角研究了中国海归创业企业的行为与绩效。本章是对全书的回归与总结，主要包括四个部分：概括本书的主要结论；归纳本书理论贡献和主要创新点；分析了研究的管理启示，并提出了相关的政策建议；总结了本研究的不足和局限性，并提出了未来可能的研究点。

第一节　研究的主要结论

近年来，在我国政府"大众创业、万众创新"的战略部署下，一大批海归纷纷加入创业大军，成为促进中国经济实现新常态和推动科技创新的重要力量。但海归创业仍然是一个新兴话题，相关的研究十分有限，因此，本书以我国的海归创业企业为样本，从海归创业的"外来者劣势"出发，以创新生态为基本视角，综合运用多种研究方法和多样化的数据来源，试图较为系统地回答中国情境下海归创业企业如何嵌入本土生态并提升创业绩效的问题。具体的研究问题包括：第一，海归与本土创业企业相比创业绩效是否更优？第二，本土创业情境如何影响海归创业企业的创业行为与绩效？第三，海归创业企业如何更好地利用生态战略以提升绩效？基于这些研究问题和相关假设，以下将阐述和概括本书得到的主要结论：

1. 受"外来者劣势"的影响，海归创业企业与本土创业企业相比绩效更差

本书第三章利用2011～2015年中关村科技园科技创业企业的面板统计数据，以销售收入、利润率和存活率三个不同指标测度在高技术产业海归创业企业与本土创业企业的绩效差异。为降低抽样偏误，首先使用倾向评分匹配（PSM）法将特征相似的海归企业和本土企业进行配对，最终得到一组包含756家海归企业和587家本土企业的配对样本，进而采用面板回归分析实

证检验了海归对创业绩效的影响及企业法人代表的受教育水平和企业的研发投入两类知识资本的调节作用。

总体来看，一方面，海归创业企业与本土创业企业相比在销售收入、利润率和存活率三个绩效指标上均表现更差。笔者认为由于海归在海外工作和学习多年，对本土复杂的体制和情境的不熟悉及对母国归属感的缺乏使他们受到"外来者劣势"的影响，即海归创业者往往对本土的创业情境存在认知偏差，导致其创业绩效显著弱于本土企业。另一方面，笔者认为"外来者劣势"的负向作用不会随着时间的演进而自然减弱，它依赖于创业者和创业企业对外部情境的主动学习和适应。在调节效应模型中，笔者发现创业者的教育程度和创业企业的研发投入能够有效地削弱海归创业者对创业绩效的负向作用，是一种能够帮助海归创业者克服其"外来者劣势"、提升创新能力的重要知识资本。

2. 本土创业情境从市场、制度和文化等方面对海归创业行为产生复杂影响

在前文分析的基础上，本书第四章围绕"本土创业情境如何影响海归创业行为与绩效"这一问题进行拓展研究，旨在发现海归创业企业在适应本土生态过程中的困境和关键影响因素。第四章选取8家海归创业企业作为案例研究对象，试图通过与不同年龄、性别、行业和留学国家的海归创业者进行深度访谈，深入了解其在早期创业过程中的想法、行为及其背后的出发点和基本逻辑。

通过对访谈文本的编码分析，笔者发现国内与国外的创业情境在市场、制度和文化等方面均具有显著差异，并对海归企业的网络构建、创业学习和资源获取等创业行为具有广泛的影响，需要海归创业者遵循新的逻辑框架来思考未来的战略行动。具体来说，国内市场体制尚不完善，消费者对价格的敏感程度很高，技术变革速度快，正式制度尚不成熟，因此也更强调对个人关系的利用。这就使异质性和非正式的网络成为海归创业者获得创业知识

和资源的关键，并要求海归创业者通过认知学习和实践学习持续地更新创业知识以应对差异化和动态变化的创业情境。从创业资源获取的角度，情境的不确定性增强了海归创业企业对组织外部资源的依赖，同时也使海归创业企业面临更强的外部合法性约束。因此，关系治理成为正式治理方式的重要补充，强调合作伙伴之间在合作过程中的互动。基于此，本书认为应该引入创新生态的视角来理解组织之间以及组织与环境之间的这种互动关系，从而帮助海归创业企业更好地适应本土的情境。

3. 海归创业企业利用生态战略能够有效提升其创新绩效

如何借助创新生态系统战略形成竞争优势需要海归创业企业遵循新的逻辑框架。本书第六章和第七章在前文的基础上，首先总结了创新生态战略的基本内涵、逻辑和行为依据；其次归纳出了生态视角下海归创业的概念模型，通过对生态的概念进行解构，探索性地提出了生态情境—生态资源—生态租金这一思考路径和相关假设，并利用179份调查问卷的大样本数据对模型进行验证。

基于结构方程模型的分析结果表明，第六章提出的假设均得到了验证。具体而言，创业网络是海归创业者获取创业资源、促进知识在网络成员间共享和流通的重要途径。然而，从创业网络中识别、获取、整合和利用创业资源来实施价值创造活动依赖于对商业环境、关系网络、管理经验等多方面知识的了解。这些相关创业知识的获取需要海归创业者在创业网络中的观察、学习和实践。因此，本土创业网络与创业学习的交互作用与创业资源的获取正相关。同时，对海归创业者而言，通过在外部创业网络中进行认知学习或实践学习，可以促进新创企业建立多样化知识库，从而有效提升其突破性创新绩效。所以，本土创业网络与创业学习的交互作用与突破性创新绩效正相关。但是，这些知识本身并不能构成实现突破性创新的充分条件，只有转化为各种相关的关系资源才能有效提升突破性创新绩效。创业资源在本土创业网络与创业学习的交互作用与突破性创新绩效的正相关关系中起到中介作用，这种基于关系的创业资源能够克服合作伙伴之间共同行动所面临的机会主义、"搭便车"、目标不一致、交易成本高等问题，这些资源也只有转化为共同行动才能创造价值并进而被海归创业企业获取价值。本书的研究结果也证实了这一点，即创业资源的获取与合作伙伴之间的共同行动正相关，共同行动在创业资源与突破性创新的正相关关系中起到中介作用。

第二节 理论贡献及创新点

1. 探索性地提出了一个基于中国情境的创业的概念框架

学术界对创业的本质有各种不同的理解和论述。学者试图寻找不同视角下创业研究的共性。例如，Gartner（1990）用德尔菲法对创业的内涵进行探究，认为创业的特征体现在四个方面，包括创业者、创新、成长和独特性。创业的结果体现在组织创建、价值创造和追求利润。Morris（1994）对欧美地区主要教科书和核心创业期刊文章中出现的 77 个创业定义进行了梳理，并根据这些定义中出现的关键词的频率来概括创业的内涵。这些关键词包括：创新、创造资源的新组合、创建新组织、开创新事业、承担风险、捕捉机会、价值创造等。基于前人研究，笔者认为，尽管机会和风险是创业研究中的重要维度，但机会的识别与风险的控制都需要通过组织学习以获得新知识来实现，开创新事业和创建新组织本质上是通过资源的整合和配置来实现的。创业的根本目的在于创造价值，而这些都是在特定的网络情境下展开的。从这个思路出发，本书以生态为主线，将网络、学习、资源和价值创造作为创业的基本维度。本书认为，创业的核心在于创新，是一种创新行为，是在特定情境下通过跨组织学习来捕捉新机会，整合和配置新资源，与生态伙伴创造新产品或新服务最终实现价值创造的过程。

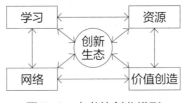

图 7-1　本书的创业模型

2. 丰富了现有的关于海归创业的研究内容和研究视角

目前关于海归创业的研究主要关注海归创业者及海归创业企业在受教育程度、技术水平、工作经验、政府优惠政策等方面的优势，却鲜有关于海归创业的劣势对于创业绩效的影响的系统研究。本书突破了这一局限性，从海归创业的"外来者劣势"这一切入点着手，聚焦于"海归创业企业如何适应本土情境"的问题，遵循"是什么""为什么""怎么做"这一思考链条，从社会网络、创业学习、资源获取、创新能力等方面帮助海归企业思考如何与本土生态进行互动，从而拓宽了海归创业研究的维度。同时，本书打破传统的研究大多从单个企业出发的弊端，在海归创业研究中引入了创新生态的视角，描述了海归创业企业与生态系统内其他成员建立目标一致、利益共享、互利共生的关系共同体，并实现创新和价值创造的过程，从而为海归创业企业的生存和发展提供了更贴合本土情境的启示。

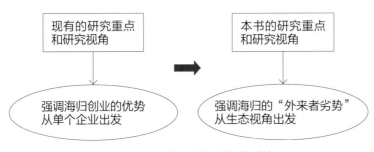

图 7-2　本书与现有研究的对比

3．从生态的角度解释了创业企业获得竞争优势的新的来源并提出了系统化思考路径

传统的基于资源观和产业结构的战略管理理论关注于企业内部，认为企业所处的产业结构竞争环境和拥有的异质性资源是其获得竞争优势的基础（Porter，1985；Prahalad and Hamel，1990）。如今，如何在生态系统中和生态系统间进行战略选择以进行创新创业活动已经逐渐成为企业的战略重点（Li，2009）。尤其对创业企业而言，正如 Gomes 等（2018）指出的那样，在生态背景下，创业行为可能要从管理企业层面的不确定性向管理共同的不确定性转变，这种共同的不确定性影响了一个创新生态系统中的不止一个行为主体，也就是说，建立一个创新生态系统和管理创新生态系统层面的共同的不确定性是创业者所实施的一种手段。但关于生态的研究还停留在概念探究阶段，如何将生态这一构念应用于不同的研究场景？如何清晰地阐述生态的形成过程？如何对生态进行定量测度？都是当前研究的难题。因此，本书在已有文献的基础上，将生态的内涵引入海归创业这一研究问题，同时尝试对生态进行解构，通过生态情境、生态资源和生态租金三个维度揭示海归创业企业在创新生态系统战略下运作的新逻辑，描述了海归企业融入本土生态、获得所需资源、实现价值创造这一动态过程，从而使生态这一构念更加具象化和结构化。

4．完善了现有的研究方法

本书采用了文献计量、PSM 配对、回归分析、多案例分析、结构方程模型分析等定性与定量相结合的方法，这种多样化的研究方法弥补了现有研究主要使用单一研究方法的不足，使研究结论更具有说服力。例如，本书在利用中关村的统计面板数据研究海归与本土创业企业的绩效差异的过程中，通过 PSM 配对方法的使用，有效地避免了由海归和本土创业者本身的系统性差异所导致的抽样偏误。同时，受样本采集和构念复杂程度的限制，目前关

于创新生态的研究以定性研究为主，多以案例的方法展开，少有基于大样本的实证研究。本书采用主观与客观相结合的方法，通过多案例分析提出探索性命题，并辅以问卷调查，分析验证的方法完善了现有的研究结论，同时本书在量表设计过程中也充分结合目前的成熟量表和我国的特殊情境，具有一定的创新性。

第三节　研究启示

目前，无论在学术领域还是实践领域，我国海归创业企业的发展都处于起步阶段，缺乏相对科学和系统的理论指导。笔者希望通过本书的研究，为我国海归企业的创建和成长及我国政府制定相关政策提供一些建议和启示。

1. 海归创业企业应该加强跨组织学习，努力适应本土情境，克服"外来者劣势"

通过第三章的分析，笔者发现海归创业企业的绩效并不优于本土企业，这一结果十分出乎意料。笔者认为一个可能的原因在于海归缺乏对本土情境的了解，存在严重的"水土不服"。

第四章的案例分析结果也表明，由于长期在海外生活和工作，海归已经习惯了国外的思维方式、管理理念和工作风格，而对中国的文化背景和消费者习惯等却缺乏足够的认知，从而影响了其战略判断。因此，海归创业者应该加强对国内创业情境的适应性学习，尤其是通过建立本土网络，不断加强跨组织的学习，借助于与本土企业、政府、中介机构等合作伙伴的关系尽快熟悉中国的市场环境、制度法规和文化特点，顺利实现"再本土化"的过程。

2. 海归创业者应该摒弃"技术至上"的思维，将生态化竞争作为战略制定的出发点

不管是大样本实证分析，还是多案例分析，笔者都发现海归创业者大多是技术背景出身，多集中在 IT、生物医药、新能源、高端装备制造等高新技术产业。不可否认的是，海归创业者通过在海外的学习和工作掌握了最先进的技术，这构成了他们自身的优势。然而，从另一方面来看，许多海归创业者持有"技术至上"的观点，他们认为只要有先进技术就可以立于不败之地。正如第四章的海归创业者赵飞指出的那样："刚回国的时候总觉得自己的技术很先进，想法很超前，所以不愿意跟别人交流，闷着头自己开发，怕别人窃取了我的想法，后来慢慢发现，有技术有想法的人很多，但是能实现这些技术和想法，把它们转化成产品的人很少，这些技术和想法的实现还需要很多配套资源的支撑。"事实上，当今商场的竞争已不再是单项技术和单个企业的竞争，这需要企业建立生态观，即通过与周围的其他创新主体进行合作，共同创造价值。因此，海归创业者要开放心态，与其他生态主体形成互补的创新网络，并在生态中找到自己的位置，增强与合作伙伴之间的信任，努力克服合法性缺陷，以整个生态的繁荣为基础不断提升自身的创业绩效和创新能力。

3. 政府应进一步优化创业环境，加强平台建设，提升创业教育水平

近年来，我国中央及各级政府先后出台了多项政策和工程计划，鼓励海外人才回国工作或开发新的创业机会。目前，这些举措已初具成效，但本书的研究结果表明这些还远远不够。一方面，制度环境是影响海归创业绩效的关键，海归的人力资本和创新资本优势也只有在较为完善的制度环境下才能得到更好的发挥。现阶段由于我国各项法律制度的漏洞，增加了海归企业融入本土环境、获得本土资源的难度和成本。因此，国家或地方政府在加强

基础设施建设的同时，应努力创造良好的经营环境，降低制度障碍，为海归企业搭建一个建立社会网络和获取外部资源的平台。另一方面，笔者发现海归创业者在发达国家接受的创业教育能帮助其更好地适应本土的动态创业环境，克服"外来者劣势"。因此，大学和相关政府部门应加强针对高学历人才，尤其是技术人才的创业教育，掌握创业的相关知识和技能，增加创业实践的机会。同时，本书的结论也表明研发投入和技术创新能够在一定程度上弥补海归的劣势。因此，政府应继续开展对高技术创业企业的创新激励、研发补贴和税收优惠，尤其是不断完善知识产权保护的法律法规，并畅通海归企业与外部创新资源之间的桥梁，从而降低海归企业知识产权保护的成本，增强与本土网络的研发合作。

第四节　研究局限和展望

总体来说，本书在现有文献基础上，结合中国海归创业的独特现象，得到了一些具有价值的研究结论。但由于本书的研究问题较为复杂性，相关数据的获取难度较大，同时，笔者自身的写作水平和精力也十分有限，因此本书还存在诸多不足，未来仍需要进一步修正和完善。具体体现在：

1．现有研究的局限性

（1）从研究内容方面来看，本书的研究只是建立了一个"生态情境—生态资源—生态租金"初步的概念模型，尝试回答海归创业企业如何融入本土生态的问题。沿着对这一问题的思考展开的研究具有一定的理论和现实意义，但对于创新生态理论的研究来讲，却仅仅是一个初步的探索性分析。受篇幅及客观条件的限制，对于创新生态背景下，海归创业企业如何制定战略决策？如何识别和把握机会？其创业行为又是如何反作用于生态系统的形成和演化？如何对生态行动和生态绩效进行定量化的测度？这些问题并没有进行探讨。另外，本书的研究只关注海归创业者，但事实上，海外归国人才除了自主创业，绝大多数选择进入外企、民企等就职，那么海归高管或员工对于企业绩效的影响如何？这些问题还有待进一步探讨，也就是说，本书所得到的结论的普适性问题需要进一步验证。

（2）从样本收集和数据获取方面来看，笔者花费了大量的时间和精力对问卷进行反复修改，进行了多次预调研，并尽可能拓宽问卷发放和回收的渠道，增加样本的多样性，保证量表的信度和效度。但是，由于海归创业者本身的数量较小，收集数据的难度较大，导致目前的样本数量仍然偏小。另外，本研究收集的样本企业多集中在北京地区，且主要分布在高新技术行业，具有一定的局限性，在一定程度上降低了研究结论的外部效度。其他地区和其他行业的情况如何，我们都不得而知。同时，我们所调研的样本大多是正在创业或创业成功的企业，缺少创业失败样本。因此，未来的研究将进一步增加样本的数量并扩大样本的选取范围。

（3）从变量测度方面来看，尽管笔者在量表设计过程中参考了前人研究中大量的成熟量表，但由于本书中采用的许多构念为探索式研究，缺乏成熟的研究，因此对很多变量的测量，例如生态资源、生态租金等的测量指标体系和方法仍有待改进，以在更大程度上保证变量测量的有效性与可靠性。尽管已经做了详细说明，并对量表的措辞和表达方式进行了反复修改，但仍避免不了主观理解上的偏差。因此，未来的研究将对量表进行进一步的修改和验证。同时，本书只关注了成立时间在 8 年以下的海归创业企业的情况，但创业绩效可能存在明显的滞后性，由于样本数据时间跨度较短，我们无法将更多的滞后期绩效变量加入模型中进行检验，因此分析结果的稳健性有待检验。

2．未来研究展望

鉴于笔者能力不足，本书的研究内容、视角和深度都比较有限，仅能起到抛砖引玉的作用。未来关于海归创业的理论研究还存在很大空间，在此笔者仅对后续研究提出一些粗浅的展望。

（1）**通过对海归创业者的进一步分类和细化，展开对本书结论的普适性研究。**本书选取的海归创业者样本主要集中在高新技术行业，且以我国的海归创业者为主要研究对象。为增加研究结论的普适性，后续研究将对海归创业者的进一步分类和细化。例如，我们将把海归所在的行业扩展到传统行业、高端服务业、文化产业等多个领域，从而发现海归创业在不同行业的发展规律及行业间的具体差异，帮助政府制定更具有针对性的政策。另外，海归问题并不是只有我国才有的特殊现象，在印度、巴西等其他新兴经济体也普遍存在，未来的研究将关注更多其他发展中国家的海归创业情况，以增加研究结论的普适性。同时，我国各级政府面向海外人才出台了"千人计划"等相关措施，通常来说，入选"千人计划"等类似人才工程的海归在技术水平、科研能力、管理经验等方面都可能存在过人之处，那么这是否意味着入选高端人才工程的海归创建的企业比未入选的海归创业企业绩效更好？这些问题有待进一步验证。

（2）**通过扩大样本的时间跨度，增加海归创业不同阶段的动态研究。**目前关于海归创业的研究大多是关于某一特定时间点的静态研究。但是，创业是一个漫长的过程，需要在更长的时间内针对创业的不同阶段展开更加动态化和更有针对性的研究。例如，研究海归创业企业在机会识别、资源获取和企业成长与发展三个阶段的创业网络分别具备怎样的结构特点？每个阶段的关键成功因素有哪些？还有学者试图突破现有研究只关注成功企业的局限，转而聚焦于创业者从失败中学习和成长甚至进行二次创业的问题。与本土创业者相比，海归创业者所遇到的挫折和失败也具有一定的独特性，需要海归创业者针对不同的失败类型实施不同的学习策略，这要求学者在未来研究中增加海归创业失败案例的样本。同时，在创业的不同阶段，海归应如何识别和控制潜在的风险，从而提高海归创业和发展的成功率，这也是未来值得研究的问题。

（3）**对海归多样化角色的扩展研究。**海归回国后往往面临多样化的职业选择，除自主创业外，有的任职于外资企业或民营企业，还有的加入了学术或科研团体。因此，本书得到的研究结论是否适用于其他情境？即海归高管是否能提升企业绩效？海归员工是否能提升企业绩效？不同类型的海归对企业绩效的影响机制是什么？海归学者是否能担当"桥梁式学者"或"明星学者"的角色？其国内外学术网络是否有助于提升本土的学术水平？有学者对这些问题进行了初步探讨，例如 Duan 和 Hou（2014）利用中国 A 股上市公司的研究结果表明，海归 CEO 的知识资源优势弱于关系资源劣势，从而降低了公司的业绩；而 Giannetti 等（2015）用同样的样本检验了海归董事对公司业绩的影响，却发现引进具有海外经历的董事能有效提升其公司业绩。由此可见，这些问题尚未形成定论。还有学者开始关注高管创业团队的研究，试图从中观视角揭示创业企业发展的内在动力机制，但是具体到海归创业者如何创建和引领、发展整个创业组织，如何对创业成长所需的资源、环境和组织结构要素进行快速有效的配置，以及高管团队中海归的存在如何影响企业的技术创新能力，这些问题仍缺乏系统研究。

（4）**海归创业者与本土生态的立体式互动研究**。本书侧重于研究本土情境如何影响海归创业者的创业行为，但随着海归创业企业逐渐嵌入本土生态中，创业活动本身也在逐步影响本土的技术水平、产业结构和市场格局。在此过程中，受海归创业企业与生态参与主体间的交互作用机制的影响，整个系统不断发展壮大，并从简单到复杂、从低级到高级持续演化（蔡莉等，2016）。因此，研究海归创业活动对本土生态系统演化的影响机制，以及本土生态系统的演化和发展如何进一步影响海归企业的机会开发与资源整合这一双向互动的过程将是未来的一个研究重点。具体而言，可以关注的问题包括海归创业企业在创新生态系统中的战略角色是什么？这一角色在生态中的作用是什么并如何影响海归创业企业的战略决策？海归创业企业的战略决策和行为如何影响创新生态的演化？海归创业行为是否对本土经济的发展和技术创新水平的提高具有溢出作用？海归创业企业应该如何与本土的民营企业和国有企业进行战略合作，以形成优势互补、互利共生的共同创新机制？

总体而言，关于海归创业的学术研究尚处于起步阶段。对海归创业问题的进一步探讨将对我国未来的创新战略以及国家的产业转型升级具有重要的指导意义。

参考文献

[1] Acs Z. J., Braunerhjelm P., Audretsch D. B., et al. The Knowledge Spillover Theory of Entrepreneurship[J]. Small Business Economics, 2009, 32(1): 15-30.

[2] Adner R. Ecosystem as Structure an Actionable Construct for Strategy[J]. Journal of Management, 2017, 43(1): 39-58.

[3] Adner R. Match Your Innovation Strategy to Your Innovation Ecosystem[J]. Harvard Business Review, 2006, 84(4): 98.

[4] Adner R., Kapoor R. Value Creation in Innovation Ecosystems: How the Structure of Technological Interdependence Affects Firm Performance in New Technology Generations[J]. Strategic Management Journal, 2010, 31(3): 306-333.

[5] Adner R., Kapoor R. Innovation Ecosystems and the Pace of Substitution: Re-examining Technology S-curves[J]. Strategic Management Journal, 2010, 37: 625-648.

[6] Aiken L. S., West S. G., Reno R. R. Multiple Regression: Testing and Interpreting Interactions[M]. Thousand Oaks,CA : Sage Publications, 1991.

[7] Alchian A. A., Demsetz H. Production, Information Costs, and Economic Organization[J]. The American Economic Review, 1972, 62(5): 777-795.

[8] Allee V. Value Network Analysis and Value Conversion of Tangible and Intangible Assets[J]. Journal of Intellectual Capital, 2008, 9(1): 5-24.

[9] Alon I., Misati E., Warnecke T., et al. Comparing Domestic and Returnee Female Entrepreneurs in China: Is There an Internationalization Effect?[J]. International Journal of Business and Globalization, 2011, 6(3-4): 329-349.

[10] Amason A. C., Shrader R. C., Tompson G. H. Newness and Novelty: Relating Top Management Team Composition to New Venture Performance[J]. Journal of Business Venturing, 2006, 21(1): 125-148.

[11] Andersen J. B. What Are Innovation Ecosystems and How to Build and Use Them[J]. Innovation Management, 2011, 4(8): 21-24.

[12] Anderson E., Weitz B. The Use of Pledges to Build and Sustain Commitment in Distribution Channels[J]. Journal of Marketing Research, 1992(7): 18-34.

[13] Anderson J. C., Hakansson H., Johanson J. Dyadic Business Relationships

within a Business Network Context[J]. The Journal of Marketing, 1994(21): 1-15.

[14] Anggraeni E., Den Hartigh E., Zegveld M. Business Ecosystem as a Perspective for Studying the Relations between Firms and Their Business Networks[C]. ECCON 2007 Annual Meeting, 2007.

[15] Ansari S. S., Garud R., Kumaraswamy A. The Disruptor's Dilemma: TiVo and the US Television Ecosystem[J]. Strategic Management Journal, 2016, 37(9): 1829-1853.

[16] Armanios D. E., Eesley C. E., Li J., et al. How Entrepreneurs Leverage Institutional Intermediaries in Emerging Economies to Acquire Public Resources[J]. Strategic Management Journal, 2017, 38(7): 1373-1390.

[17] Arribas I., Vila J. E. Human Capital Determinants of the Survival of Entrepreneurial Service Firms in Spain[J]. International Entrepreneurship and Management Journal, 2007, 3(3): 309-322.

[18] Autio E., Kenney M., Mustar P., et al. Entrepreneurial Innovation: The Importance of Context[J]. Research Policy, 2014, 43(7): 1097-1108.

[19] Autio E., Thomas L. Innovation Ecosystems: Implication for Innovation Management, The Oxford Handbook of Innovation Management[M]. Qxford: Oxford University Press, 2014.

[20] Barney J. Firm Resources and Sustained Competitive Advantage[J]. Journal of Management, 1991, 17(1): 99-120.

[21] Baron R. A. The Role of Affect in the Entrepreneurial Process[J]. Academy of Management Review, 2008, 33(2): 328-340.

[22] Baron R. M., Kenny D. A. The Moderator-mediator Variable Distinction in Social Psychological Research: Conceptual, Strategic and Statistical Considerations[J]. Journal of Personality and Social Psychology, 1986, 51(6): 1173.

[23] Bengtsson M., Kock S. "Coopetition" in Business Networks—to Cooperate and Compete Simultaneously[J]. Industrial Marketing Management, 2000, 29(5): 411-426.

[24] Bjørnskov C., Foss N. How Strategic Entrepreneurship and the Institutional Context Drive Economic Growth[J]. Strategic Entrepreneurship Journal, 2013, 7(1): 50-69.

[25] Blundell R., Costa Dias M. Evaluation Methods for Non-experimental

Data[J]. Fiscal Studies, 2000, 21(4): 427-468.

[26] Bøllingtoft A., Ulhøi J. P. The Networked Business Incubator—Leveraging Entrepreneurial Agency?[J]. Journal of Business Venturing, 2005, 20(2): 265-290.

[27] Bruyat C., Julien P. A. Defining the Field of Research in Entrepreneurship[J]. Journal of Business Venturing, 2001, 16(2): 165-180.

[28] Burt R. S. The Network Structure of Social Capital[J]. Research in Organizational Behavior, 2000, 22: 345-423.

[29] Caliendo M., Fossen F., Kritikos A. Trust, Positive Reciprocity, and Negative Reciprocity: Do These Traits Impact Entrepreneurial Dynamics?[J]. Journal of Economic Psychology, 2012, 33(2): 394-409.

[30] Cantillon R. Essai Sur La Nature Du Commerce En Général[M]. Londres : F. Gyles, 1756.

[31] Chandler G. N., Lyon D. W. Involvement in Knowledge—Acquisition Activities by Venture Team Members and Venture Performance[J]. Entrepreneurship Theory and Practice, 2009, 33(3): 571-592.

[32] Chandy R. K., Tellis G. J. Organizing for Radical Product Innovation: The Overlooked Role of Willingness to Cannibalize[J]. Journal of Marketing Research, 1998: 474-487.

[33] Child J. Context, Comparison, and Methodology in Chinese Management Research[J]. Management and Organization Review, 2009, 5(1): 57-73.

[34] Christensen C. The Innovator's Dilemma: When New Technologies Cause Great Firms to Fail[M]. Boston: Harvard Business Review Press, 1997.

[35] Clarysse B., Wright M., Bruneel J., et al. Creating Value in Ecosystems: Crossing the Chasm between Knowledge and Business Ecosystems[J]. Research Policy, 2014, 43(7): 1164-1176.

[36] Clarysse B., Yusubova A. Success Factors of Business Accelerators[C]. Technology Business Incubation Mechanisms and Sustainable Regional Development, 2014.

[37] Cohen B. Sustainable Valley Entrepreneurial Ecosystems[J]. Business Strategy and the Environment, 2006, 15(1): 1-14.

[38] Colombo M. G., Grilli L., Piva E. In Search of Complementary Assets: The Determinants of Alliance Formation of High-tech Start-ups[J]. Research Policy, 2006, 35(8): 1166-1199.

[39] Cope J. Toward a Dynamic Learning Perspective of Entrepreneurship[J]. Entrepreneurship Theory and Practice, 2005, 29(4): 373-397.

[40] Corbett A. C. Learning Asymmetries and the Discovery of Entrepreneurial Opportunities[J]. Journal of Business Venturing, 2007, 22(1): 97-118.

[41] Coviello N. E. The Network Dynamics of International New Ventures[J]. Journal of International Business Studies, 2006, 37(5): 713-731.

[42] Dai O., Liu X. Returnee Entrepreneurs and Firm Performance in Chinese High-technology Industries[J]. International Business Review, 2009, 18(4): 373-386.

[43] Das T. K., Teng B. S. A Resource-based Theory of Strategic Alliances[J]. Journal of Management, 2000, 26(1): 31-61.

[44] Davila A., Foster G., Gupta M. Venture Capital Financing and the Growth of Startup Firms[J]. Journal of Business Venturing, 2003, 18(6): 689-708.

[45] De Backer K., Lopez-Bassols V., Martinez C. Open Innovation in a Global Perspective: What Do Existing Data Tell Us? [J]. OECD Science, Technology and Industry Working Papers. 2008(4):2-37.

[46] DeVellis R. F. Scale Development: Theory and Applications[M].Thousand Oaks,CA : Sage Publications, 2016.

[47] Gomes L.A., et al. Unpacking the Innovation Ecosystem Construct: Evolution, Gaps and Trends[J]. Technological Forecasting and Social Change, 2018, 136: 30-48.

[48] Deakins D., Freel M. S. Entrepreneurial Activity, the Economy and the Importance of Small Firms[J]. Entrepreneurship and Small Firms, McGraw-Hill Higher Education, 2009: 332.

[49] Desa G. Resource mobilization in international social entrepreneurship: Bricolage as a Mechanism of Institutional Transformation[J]. Entrepreneurship Theory and Practice, 2012, 36(4): 727-751.

[50] Drori I., Honig B., Wright M. Transnational Entrepreneurship: An Amergent Field of Study[J]. Entrepreneurship Theory and Practice, 2009, 33(5): 1001-1022.

[51] Drucker P. F. Innovation and Entrepreneurship Practices and Principles[M]. New York: Harper & Row, 1985.

[52] Dyer J. H., Singh H. The Relational View: Cooperative Strategy and Sources of Interorganizational Competitive Advantage[J]. Academy of Management

Review, 1998, 23(4): 660-679.

[53] Dyer J. H., Singh H., Kale P. Splitting the Pie: Rent Distribution in Alliances and Networks[J]. Managerial and Decision Economics, 2008, 29(2-3): 137-148.

[54] Edvinsson L., Sullivan P. Developing a Model for Managing Intellectual Capital[J]. European Management Journal, 1996, 14(4): 356-364.

[55] Eisenhardt K. M. Building Theories from Case Study Research[J]. Academy of Management Review, 1989, 14(4): 532-550.

[56] Eisenhardt K. M., Graebner M. E. Theory Building from Cases: Opportunities and Challenges[J]. Academy of Management Journal, 2007, 50(1): 25-32.

[57] Eisenhardt K. M., Schoonhoven C. B. Organizational Growth: Linking Founding Team, Strategy, Environment, and Growth among US Semiconductor Ventures, 1978-1988[J]. Administrative Science Quarterly, 1990: 504-529.

[58] Elsbach K. D. Managing Organizational Legitimacy in the California Cattle Industry: The Construction and Effectiveness of Verbal Accounts[J]. Administrative Science Quarterly, 1994: 57-88.

[59] Feng T., Wang G. How Private Enterprises Establish Organizational Legitimacy in China's Transitional Economy[J]. Journal of Management Development, 2010, 29(4): 377-393.

[60] Filatotchev I., Liu X., Buck T., et al. The Export Orientation and Export Performance of High-Technology SMEs in Emerging Markets: The Effects of Knowledge Transfer by Returnee Entrepreneurs[J]. Journal of International Business Studies, 2009, 40(6): 1005-1021.

[61] Filatotchev I., Liu X., Lu J., et al. Knowledge Spillovers through Human Mobility across National Borders: Evidence from Zhongguancun Science Park in China[J]. Research Policy, 2011, 40(3): 453-462.

[62] Forés B., Camisón C. Does Incremental and Radical Innovation Performance Depend on Different Types of Knowledge Accumulation Capabilities and Organizational Size?[J]. Journal of Business Research, 2016, 69(2): 831-848.

[63] Foss N. J., Ishikawa I. Towards a Dynamic Resource-based View: Insights from Austrian Capital and Entrepreneurship Theory[J]. Organization Studies, 2007, 28(5): 749-772.

[64] Freeman C. Technology Policy and Economic Performance[M]. London: Great Britain: Pinter Publishers, 1989.

[65] Fritz M. S., MacKinnon D. P. Required Sample Size to Detect the Mediated Effect[J]. Psychological Science, 2007, 18(3): 233-239.

[66] Gartner W. B. A Conceptual Framework for Describing the Phenomenon of New Venture Creation[J]. Academy of Management Review, 1985, 10(4): 696-706.

[67] Gartner W. B. What Are We Talking about When We Talk about Entrepreneurship?[J]. Journal of Business Venturing, 1990, 5(1): 15-28.

[68] Gawer A., Cusumano M. A. Industry Platforms and Ecosystem Innovation[J]. Journal of Product Innovation Management, 2014, 31(3): 417-433.

[69] Gawer A., Henderson R. Platform Owner Entry and Innovation in Complementary Markets: Evidence from Intel[J]. Journal of Economics & Management Strategy, 2007, 16(1): 1-34.

[70] Granovetter M. Economic Action and Social Structure: The Problem of Embeddedness[J]. American Journal of Sociology, 1985, 91(3): 481-510.

[71] Greeno J. G., Collins A. M., Resnick L. B. Cognition and Learning[J]. Handbook of Educational Psychology, 1996, 77: 15-46.

[72] Groth O. J., Esposito M., Tse T. What Europe Needs Is an Innovation—Driven Entrepreneurship Ecosystem: Introducing EDIE[J]. Thunderbird International Business Review, 2015,57(4):263-269.

[73] Gulati R. Alliances and Networks[J]. Strategic Management Journal, 1998, 19(4): 293-317.

[74] Hair J. F., Black W. C., Babin B. J, et al. Análise Multivariada de Dados[M]. Bookman Editora, 2009.

[75] Hald K. S., Cordón C., Vollmann T. E. Towards an Understanding of Attraction in Buyer–supplier Relationships[J]. Industrial Marketing Management, 2009, 38(8): 960-970.

[76] Hallen B. L., Eisenhardt K. M. Catalyzing Strategies and Efficient Tie Formation: How Entrepreneurial Firms Obtain Investment Ties[J]. Academy of Management Journal, 2012, 55(1): 35-70.

[77] Hamilton E. Entrepreneurial Learning in Family Business: A Situated Learning Perspective[J]. Journal of Small Business and Enterprise Development, 2011, 18(1): 8-26.

[78] Hamel G., Prahalad C. K. Corporate Imagination and Expeditionary Marketing[J]. Harvard Business Review, 1990, 69(4): 81-92.

[79] Hannan M. T., Freeman J. The Population Ecology of Organizations[J]. American Journal of Sociology, 1977: 929-964.

[80] Hart O. D., Holmstrm B. The Theory of Contracts[R]. Working Paper, Massachusetts Institute of Technology, 1986.

[81] Harvey W. S. British and Indian Scientists in Boston Considering Returning to Their Home Countries[J]. Space and Place, 2009,15: 493–508.

[82] Hayes A. F. Beyond Baron and Kenny:Statistical Mediation Analysis in the New Millennium[J]. Communication Monographs, 2009, 76(4): 408-420.

[83] Heide J. B., John G. Alliances in Industrial Purchasing: The Determinants of Joint Action in Buyer-supplier Relationships[J]. Journal of Marketing Research, 1990: 24-36.

[84] Hewett K., Bearden W. O. Dependence, Trust, and Relational Behavior on the Part of Foreign Subsidiary Marketing Operations: Implications for Managing Global Marketing Operations[J]. Journal of Marketing, 2001, 65(4): 51-66.

[85] Hoang H., Antoncic B. Network-based Research in Entrepreneurship: A Critical Review[J]. Journal of Business Venturing, 2003, 18(2): 165-187.

[86] Holcomb T. R., Ireland R. D., Holmes Jr R. M., et al. Architecture of Entrepreneurial Learning: Exploring the Link among Heuristics, Knowledge, and Action[J]. Entrepreneurship Theory and Practice, 2009, 33(1): 167-192.

[87] Holsti O. R. Content Analysis for the Social Sciences and Humanities[J]. Reading. MA: Addison—wesley (content analysis). 1969: 602-611.

[88] Huang, Jiekun, Darren J. Kisgen. Gender and Corporate Finance: Are Male Executives Overconfident Relative to Female Executives?[J]. Journal of Financial Economics, 2013, 108(3): 822-839.

[89] Iansiti M., Levien R. Strategy as Ecology[J]. Harvard Business Review, 2004, 82(3): 68-81.

[90] Iansiti M., Levien R. The Keystone Advantage: What the New Dynamics of Business Ecosystems Mean for Strategy, Innovation, and Sustainability[M]. Boston: Harvard Business Press, 2004.

[91] Isenberg D. J. How to Start an Entrepreneurial Revolution[J]. Harvard Business Review, 2010, 88(6): 40-50.

[92] Jackson D. J. What Is an Innovation Ecosystem[J]. National Science Foundation, 2011, 1.

[93] Jap S. D., Anderson E. Safeguarding Inter-organizational Performance and Continuity under Ex Post Opportunism[J]. Management Science, 2003, 49(12): 1684-1701.

[94] Jaworski B. J., Kohli A. K. Market Orientation: Antecedents and Consequences[J]. The Journal of Marketing, 1993: 53-70.

[95] Jick T. D. Mixing Qualitative and Quantitative Methods: Triangulation in Action[J]. Administrative Science Quarterly, 1979, 24(4): 602-611.

[96] Johanson J., Vahlne J. E. Business Relationship Learning and Commitment in the Internationalization Process[J]. Journal of International Entrepreneurship, 2003, 1(1): 83-101.

[97] Jones O., Macpherson A. Inter-organizational Learning and Strategic Renewal in SMEs: Extending the 4i Framework[J]. Long Range Planning, 2006,39(2):155-175.

[98] Joshi A. W., Stump R. L. The Contingent Effect of Specific Asset Investments on Joint Action in Manufacturer-supplier Relationships: An Empirical Test of the Moderating Role of Reciprocal Asset Investments, Uncertainty, and Trust[J]. Journal of the Academy of Marketing Science, 1999, 27(3): 291-305.

[99] Kale P., Singh H., Perlmutter H. Learning and Protection of Proprietary Assets in Strategic Alliances: Building Relational Capital[J]. Strategic Management Journal, 2000: 217-237.

[100] Kapoor R., Lee J. M. Coordinating and Competing in Ecosystems: How Organizational Forms Shape New Technology Investments[J]. Strategic Management Journal, 2013, 34(3): 274-296.

[101] Keh H. T., Foo M. D., Lim B. C. Opportunity Evaluation under Risky Conditions: The Cognitive Processes of Entrepreneurs[J]. Entrepreneurship Theory and Practice, 2002, 27(2): 125-148.

[102] Kenney M., Breznitz D., Murphree M. Coming Back Home after the Sun Rises: Returnee Entrepreneurs and Growth of High Tech Industries[J]. Research Policy, 2013, 42(2): 391-407.

[103] Lavie D. The Competitive Advantage of Interconnected Firms: An Extension of the Resource-based View[J]. Academy of Management Review, 2006,

31(3): 638-658.

[104] Lee S. M., Lee B. Entrepreneur Characteristics and the Success of Venture Exit: An Analysis of Single-founder Start-ups in the US[J]. International Entrepreneurship and Management Journal, 2015, 11(4): 891-905.

[105] Leibenstein H. Entrepreneurship and Development[J]. The American Economic Review, 1968, 58(2): 72-83.

[106] Levin D. Z., Cross R. The Strength of Weak Ties You Can Trust: The Mediating Role of Trust in Effective Knowledge Transfer[J]. Management Science, 2004, 50(11): 1477-1490.

[107] Lichtenstein B. M. B., Brush C. G. How Do "Resource Bundles" Develop and Change in New Ventures? A Dynamic Model and Longitudinal Exploration[J]. Entrepreneurship: Theory and Practice, 2001, 25(3): 37-58.

[108] Li H., Zhang Y. The Role of Managers' Political Networking and Functional Experience in New Venture Performance: Evidence from China's Transition Economy[J]. Strategic Management Journal, 2007, 28(8): 791-804.

[109] Li H., Zhang Y., Li Y., et al. Returnees Versus Locals: Who Perform Better in China's Technology Entrepreneurship?[J]. Strategic Entrepreneurship Journal, 2012, 6(3): 257-272.

[110] Lili Z. Comparative Study of China and USA's Colleges Entrepreneurship Education from an International Perspective[J]. Journal of Chinese Entrepreneurship, 2011, 3(3): 185-194.

[111] Lin D., Lu J., Li P. P., et al. Balancing Formality and Informality in Business Exchanges as a Duality: A Comparative Case Study of Returnee and Local Entrepreneurs in China[J]. Management and Organization Review, 2015, 11(2): 315-342.

[112] Littunen H. Networks and Local Environmental Characteristics in the Survival of New Firms[J]. Small Business Economics, 2000, 15(1): 59-71.

[113] Liu X., Lu J., Filatotchev I., et al. Returnee Entrepreneurs, Knowledge Spillovers and Innovation in High-tech Firms in Emerging Economies[J]. Journal of International Business Studies, 2010, 41(7): 1183-1197.

[114] Liu X., Wright M., Filatotchev I. Learning, Firm Age and Performance: An Investigation of Returnee Entrepreneurs in Chinese High-tech Industries[J]. International Small Business Journal, 2015, 33(5): 467-487.

[115] Liu Y., Almor T. How Culture Influences the Way Entrepreneurs Deal with

Uncertainty in Inter-organizational Relationships: The Case of Returnee Versus Local Entrepreneurs in China[J]. International Business Review, 2014.

[116] Li Y. R. The Technological Roadmap of Cisco's Business Ecosystem[J]. Technovation, 2009, 29(5): 379-386.

[117] Lumpkin G. T., Lichtenstein B. B. The Role of Organizational Learning in the Opportunity-Recognition Process[J]. Entrepreneurship Theory and Practice, 2005, 29(4): 451-472.

[118] Luoma-aho V., Halonen S. Intangibles and Innovation: The Role of Communication in the Innovation Ecosystem[J]. Innovation Journalism, 2010, 7(2): 1-20.

[119] Lundvall B. Å. Innovation as an Interactive Process: User-producer Interaction to the National System of Innovation[J]. The Learning Economy and the Economics of Hope, 2016: 61.

[120] Macneil I. R. Restatement (Second) of Contracts and Presentiation[J]. Virginia Law Review, 1974: 589-610.

[121] Makela K., Kalla H. K., Piekkari R. Interpersonal Similarity as a Driver of Knowledge Sharing within Multinational Corporations[J]. International Business Review, 2007, 16(1): 1-22.

[122] March J. G. The Evolution of Evolution[J]. Evolutionary Dynamics of Organizations, 1994: 39-49.

[123] Massa S., Testa S. Innovation and SMEs: Misaligned Perspectives and Goals among Entrepreneurs, Academics, and Policy Makers[J]. Technovation, 2008, 28(7): 393-407.

[124] Maurer C. C., Bansal P., Crossan M. M. Creating Economic Value through Social Values: Introducing a Culturally Informed Resource-based View[J]. Organization Science, 2011, 22(2): 432-448.

[125] McIntyre D. P, Srinivasan A. Networks, Platforms, and Strategy: Emerging Views and Next Steps[J]. Strategic Management Journal, 2017, 38(1): 141-160.

[126] McKinnon D. P. Introduction to Statistical Mediation Analysis[M]. New York: Taylor and Francis Group, 2007: 325-345.

[127] Miles M. B., Huberman A. M. Qualitative Data Analysis: An Expanded Sourcebook[M]. Thousand Oaks : Sage Publications, 1994.

[128] Minniti M. Entrepreneurship and Network Externalities[J]. Journal of Economic Behavior & Organization, 2005, 57(1): 1-27.

[129] Mohamad N., Lim H. E., Yus of N., et al. Estimating the Effect of Entrepreneur Education on Graduates' Intention to Be Entrepreneurs[J]. Education Training, 2015, 57(8/9): 874-890.

[130] Moore J. F. Predators and Prey: A New Ecology of Competition[J]. Harvard Business Review, 1993, 71(3): 75-83.

[131] Morris M. H., Lewis P. S., Sexton D. L. Reconceptualizing Entrepreneurship: An Input-output Perspective[J]. SAM Advanced Management Journal, 1994, 59(1): 21.

[132] Mudambi R., Swift T. Knowing When to Leap: Transitioning between Exploitative and Explorative R&D[J]. Strategic Management Journal, 2014, 35(1): 126-145.

[133] Nahapiet J., Ghoshal S. Social Capital, Intellectual Capital, and the Organizational Advantage[J]. Academy of Management Review, 1998, 23(2): 242-266.

[134] Nerkar A., Roberts P. W. Technological and Product-Market Experience and the Success of New Product Introductions in the Pharmaceutical Industry[J]. Strategic Management Journal, 2004, 25(8-9): 779-799.

[135] North D. C. Institutions, Institutional Change and Economic Performance[M]. Cambridge: Cambridge University Press, 1990.

[136] Osiyevskyy O., Meyer M., Zargarzadeh M. A. Exploring the Impact of an External Crisis on R&D Expenditures of Innovative New Ventures[J]. Journal of Business and Entrepreneurship, 2015, 26(3):1-36.

[137] Ozcan P., Eisenhardt K. M. Origin of Alliance Portfolios: Entrepreneurs, Network Strategies, and Firm Performance[J]. Academy of Management Journal, 2009, 52(2): 246-279.

[138] Park S. H., Luo Y. Guanxi and Organizational Dynamics: Organizational Networking in Chinese Firms[J]. Strategic Management Journal, 2001, 22(5): 455-477.

[139] Park S. H., Ungson G. R. Interfirm Rivalry and Managerial Complexity: A Conceptual Framework of Alliance Failure[J]. Organization Science, 2001, 12(1): 37-53.

[140] Patton M. Q. Qualitative Evaluation and Research Methods[M]. Newbury Park, Calif.: SAGE Publications, 1990.

[141] Pfeffer J., Salancik G. R. The External Control of Organizations: A Resource Dependence Perspective[M]. Stanford, Calif: Stanford University Press, 2003.

[142] Polanyi M., Sen A. The Tacit Dimension[M]. Chicago, IL: University of Chicago Press, 2009.

[143] Preacher K. J., Hayes A. F. Asymptotic and Resampling Strategies for Assessing and Comparing Indirect Effects in Multiple Mediator Models[J]. Behavior Research Methods, 2008, 40(3): 879-891.

[144] Scott J. Social Network Analysis[M]. Thousand Oaks: Sage, 2012.

[145] Politis D. The Process of Entrepreneurial Learning: A Conceptual Framework[J]. Entrepreneurship Theory and Practice, 2005, 29(4): 399-424.

[146] Porter M. E. Competitive Advantage: Creating and Sustaining Superior Performance[M]. New York: Free Press, 1985.

[147] Powers J. B. Commercializing Academic Research: Resource Effects on Performance of University Technology Transfer[J]. The Journal of Higher Education, 2003, 74(1): 26-50.

[148] Premaratne S. P. Networks, Resources, and Small Business Growth: The Experience in Sri Lanka[J]. Journal of Small Business Management, 2001, 39(4): 363.

[149] Pruthi S. Social Ties and Venture Creation by Returnee Entrepreneurs[J]. International Business Review, 2014, 23(6): 1139-1152.

[150] Quintana-García C., Benavides-Velasco C. A. Innovative Competence, Exploration and Exploitation: The Influence of Technological Diversification[J]. Research Policy, 2008, 37(3): 492-507.

[151] Radjou N., Cameron B., Kinikin E., et al. Innovation Networks: A New Market Structure Will Revitalize Invention-To-Innovation Cycles[R]. Forrester Research, 2004.

[152] Reuber A. R., Fischer E. Understanding the Consequences of Founders' Experience[J]. Journal of Small Business Management, 1999, 37(2): 30.

[153] Rindfleisch A., Heide J. B. Transaction Cost Analysis: Past, Present, and Future Applications[J]. The Journal of Marketing, 1997: 30-54.

[154] Ring P. S., Van de Ven A. H. Structuring Cooperative Relationships between Organizations[J]. Strategic Management Journal, 1992, 13(7): 483-498.

[155] Ritter T., Wilkinson I. F., Johnston W. J. Managing in Complex Business

Networks[J]. Industrial Marketing Management, 2004, 33(3): 175-183.

[156] Rohrbeck R., Hölzle K., Gemünden H. G. Opening up for Competitive Advantage-How Deutsche Telekom Creates an Open Innovation Ecosystem[J]. R&D Management, 2009, 39(4): 420-430.

[157] Roper S. Entrepreneurship: A Global Perspective[M]. New York: Routledge, 2012.

[158] Romero M. Game Based Learning MOOC. Promoting Entrepreneurship Education[J]. E-learning Papers, Special Edition MOOCs and Beyond, 2013, 33: 1-5.

[159] Rosenbaum P. R., Rubin D. B. The Central Role of the Propensity Score in Observational Studies for Causal Effects[J]. Biometrika, 1983: 41-55.

[160] Sahlman W. A. Some Thoughts on Business Plans[M]. Boston: Harvard Business School Publication Corporation, 1996.

[161] Santos F. M., Eisenhardt K. M. Organizational Boundaries and Theories of Organization[J]. Organization Science, 2005, 16(5): 491-508.

[162] Sawhney M., Nambisan S. The Global Brain: Your Road Map for Innovating Faster and Smarter in a Networked World[M]. Upper Saddle River, NJ: Pearson Prentice Hall, 2007.

[163] Saxenian A. L. From Brain Drain to Brain Circulation: Transnational Communities and Regional Upgrading in India and China[J]. Studies in Comparative International Development, 2005, 40(2): 35-61.

[164] Saxenian A. The New Argonauts: Regional Advantage in a Global Economy[M]. Cambridge, MA: Harvard University Press, 2006.

[165] Schreiner M., Kale P., Corsten D. What Really is Alliance Management Capability and How Does it Impact Alliance Outcomes and Success?[J]. Strategic Management Journal, 2009, 30(13): 1395-1419.

[166] Schumpeter J. A. The Theory of Economic Development: An Inquiry into Profits, Capital, Credit, Interest, and the Business Cycle[M]. Cambridge, Mass: Harvard University Press, 1934.

[167] Sexton D. L., Bowman N. The Entrepreneur: A Capable Executive and More[J]. Journal of Business Venturing, 1985, 1(1): 129-140.

[168] Shane S., Locke E. A., Collins C. J. Entrepreneurial Motivation[J]. Human Resource Management Review, 2003, 13(2): 257-279.

[169] Shane S., Venkataraman S. The Promise of Entrepreneurship as a Field of

Research[J]. Academy of Management Review, 2000, 25(1): 217-226.

[170] Shaver K. G., Scott L. R. Person, Process, Choice: The Psychology of New Venture Creation[J]. Entrepreneurship Theory and Practice, 1991, 16(2): 23-45.

[171] Sheng S., Zhou K. Z., Li J. J. The Effects of Business and Political Ties on Firm Performance: Evidence from China[J]. Journal of Marketing, 2011, 75(1): 1-15.

[172] Singh R. P. A Comment on Developing the Field of Entrepreneurship through the Study of Opportunity Recognition and Exploitation[J]. Academy of Management Review, 2001, 26(1): 10-12.

[173] Sobel M. E. Asymptotic Confidence Intervals for Indirect Effects in Structural Equation Models[J]. Sociological Methodology, 1982, 13: 290-312.

[174] Stevenson H. H., Jarillo J. C. A paradigm of Entrepreneurship: Entrepreneurial Management[M]. Berlin: Springer, 2007: 155-170.

[175] Stuart T. E. A role-based Ecology of Technological Change[J]. American Journal of Sociology，1995，100(5) : 1224-1260.

[176] Suchman M. C. Managing Legitimacy: Strategic and Institutional Approaches[J]. Academy of Management Review, 1995, 20(3): 571-610.

[177] Sun P., Wright M., Mellahi K. Is Entrepreneur–Politician Alliance Sustainable during Transition? The Case of Management Buyouts in China[J]. Management and Organization Review, 2010, 6(1): 101-121.

[178] Sveiby K. E. The New Organizational Wealth: Managing & Measuring Knowledge-based Assets[M]. Oakland, CA: Berrett-Koehler Publishers, 1997.

[179] Tang Z., Hull C. An Investigation of Entrepreneurial Orientation, Perceived Environmental Hostility, and Strategy Application among Chinese SMEs[J]. Journal of Small Business Management, 2012, 50(1): 132-158.

[180] Tansley A. G. The Use and Abuse of Vegetational Concepts and Terms[J]. Ecology, 1935, 16(3): 284-307.

[181] Teece D. J. Profiting from Technological Innovation: Implications for Integration, Collaboration, Licensing and Public Policy[J]. Research Policy, 1986, 15(6): 285-305.

[182] Teece D. J. Explicating Dynamic Capabilities: The Nature and Microfoundations of (Sustainable) Enterprise Performance[J]. Strategic Management Journal, 2007, 28(13): 1319-1350.

[183] Thompson J. D. Organizations in Action: Social Science Bases of Administrative Theory [M]. New York: McGraw-Hill, 1967.

[184] Thorelli H. B. Networks: Between Markets and Hierarchies[J]. Strategic Management Journal, 1986, 7(1): 37-51.

[185] Timmons J. A. New Venture Creation[M]. New York: Tata McGraw-Hill Education, 1985.

[186] Tracey P., Phillips N., Jarvis O. Bridging Institutional Entrepreneurship and the Creation of New Organizational Forms: A Multilevel Model[J]. Organization Science, 2011, 22(1): 60-80.

[187] Tsui A. S. Contributing to Global Management Knowledge: A Case for High Quality Indigenous Research[J]. Asia Pacific Journal of Management, 2004, 21(4): 491-513.

[188] Tsui A. S., Nifadkar S. S., Ou A. Y. Cross-national, Cross-cultural Organizational Behavior Research: Advances, Gaps, and Recommendations[J]. Journal of Management, 2007, 33(3): 426-478.

[189] Tornikoski E. T., Newbert S. L. Exploring the Determinants of Organizational Emergence: A Legitimacy Perspective[J]. Journal of Business Venturing, 2007, 22(2): 311-335.

[190] Venkataraman S. The Distinctive Domain of Entrepreneurship Research[J]. Advances in Entrepreneurship, Firm Emergence and Growth, 1997, 3(1): 119-138.

[191] Verwaal E., Hesselmans M. Drivers of Supply Network Governance: An Explorative Study of the Dutch Chemical Industry[J]. European Management Journal, 2004, 22(4): 442-451.

[192] Vogel P. The Employment Outlook for Youth: Building Entrepreneurial Ecosystems as a Way Forward[R].Working Paper, G20 Youth Forum, 2013.

[193] Von Hippel E. Democratizing Innovation: The Evolving Phenomenon of User Innovation[J]. Journal für Betriebswirtschaft, 2005, 55(1): 63-78.

[194] Wallin J. Business Orchestration: Strategic Leadership in the Era of Digital Convergence[M]. Hoboken, NJ: John Wiley & Sons, 2006.

[195] Wallner T., Menrad M. Extending the Innovation Ecosystem Framework[C]. Proceedings of XXII ISPIM Conference, 2011.

[196] Wang H., Zweig D., Lin X. Returnee Entrepreneurs: Impact on China's Globalization Process[J]. Journal of Contemporary China, 2011, 20(70):

413-431.

[197] Wang H. Globalizing China: The Influence, Strategies and Successes of Chinese Returnee Entrepreneurs[M]. Bingley: Emerald Group Publishing, 2012.

[198] Wang P. An Integrative Framework for Understanding the Innovation Ecosystem[C]. Proceedings of the Conference on Advancing the Study of Innovation and Globalisation in Organizations, 2009.

[199] Ward T. B. Cognition, Creativity, and Entrepreneurship[J]. Journal of Business Venturing, 2004, 19(2): 173-188.

[200] Watson J. Modeling the Relationship between Networking and Firm Performance[J]. Journal of Business Venturing, 2007, 22(6): 852-874.

[201] Welter F. Contextualizing Entrepreneurship—Conceptual Challenges and Ways Forward[J]. Entrepreneurship Theory and Practice, 2011, 35(1): 165-184.

[202] West G. P. Collective Cognition: When Entrepreneurial Teams, Not Individuals, Make Decisions[J]. Entrepreneurship Theory and Practice, 2007, 31(1): 77-102.

[203] Wickham P. A. Strategic Entrepreneurship[M].Upper Saddle River, NJ: Pearson Education, 2006.

[204] Williamson O. E. The Economic Intstitutions of Capitalism[M]. New York: Simon and Schuster, 1985.

[205] Willianson P. J., De Meyer A. Ecosystem Advantage: How to Successfully Harness the Power of Partners[J]. California Management Review, 2012, 55(1): 24-46.

[206] Wright M., Liu X., Buck T., et al. Returnee Entrepreneurs, Science Park Location Choice and Performance: An Analysis of High–Technology SMEs in China[J]. Entrepreneurship Theory and Practice, 2008, 32(1): 131-155.

[207] Wu F., Cavusgil S. T. Organizational Learning, Commitment, and Joint Value Creation in Interfirm Relationships[J]. Journal of Business Research, 2006, 59(1): 81-89.

[208] Wu W. Dimensions of Social Capital and Firm Competitiveness Improvement: The Mediating Role of Information Sharing[J]. Journal of Management Studies, 2008, 45(1): 122-146.

[209] Wynarczyk P., Piperopoulos P., McAdam M. Open Innovation in Small and

Medium-sized Enterprises: An Overview[J]. International Small Business Journal, 2013, 31(3): 240-255.

[210] Yin R. K. Case Study Research: Design and Methods[M]. Thousand Oaks, CA: Sage Publications, 2013.

[211] Zaheer A., Venkatraman N. Relational Governance as an Interorganizational Strategy: An Empirical Test of the Role of Trust in Economic Exchange[J]. Strategic Management Journal, 1995, 16(5): 373-392.

[212] Zaheer S., Mosakowski E. The Dynamics of the Liability of Foreignness: A Global Study of Survival in Financial Services[J]. Strategic Management Journal, 1997: 439-463.

[213] Zahra S. A., Matherne B. P., Carleton J. M. Technological Resource Leveraging and the Internationalisation of New Ventures[J]. Journal of International Entrepreneurship, 2003, 1(2): 163-186.

[214] Zahra S. A., Nambisan S. Entrepreneurship and Strategic Thinking in Business Ecosystems[J]. Business Horizons, 2012, 55(3): 219-229.

[215] Zahra S. A., Nambisan S. Entrepreneurship in Global Innovation Ecosystems[J]. AMS Review, 2011, 1(1): 4.

[216] Zahra S. A., Wright M. Entrepreneurship's Next Act[J]. The Academy of Management Perspectives, 2011, 25(4): 67-83.

[217] Zhang J., Wong P. K. Networks vs. Market Methods in High-tech Venture Fundraising: The Impact of Institutional Environment[J]. Entrepreneurship and Regional Development, 2008, 20(5): 409-430.

[218] Zhang Y., Li H. Innovation Search of New Ventures in a Technology Cluster: The Role of Ties with Service Intermediaries[J]. Strategic Management Journal, 2010, 31(1): 88-109.

[219] Zhang Y., Li H., Schoonhoven C. B. Intercommunity Relationships and Community Growth in China's High Technology Industries 1988-2000[J]. Strategic Management Journal, 2009: 163-183.

[220] Zhou K. Z., Li C. B. How Knowledge Affects Radical Innovation: Knowledge Base, Market Knowledge Acquisition, and Internal Knowledge Sharing[J]. Strategic Management Journal, 2012, 33(9): 1090-1102.

[221] Zimmerman M. A., Zeitz G. J. Beyond Survival: Achieving New Venture Growth by Building Legitimacy[J]. Academy of Management Review, 2002, 27(3): 414-431.

[222] Zott C., Amit R. Business Model Design: An Activity System Perspective[J]. Long Range Planning, 2010, 43(2): 216-226.

[223] Zweig D., Chung S. F., Vanhonacker W. Rewards of Technology: Explaining China's Reverse Migration[J]. Journal of International Migration and Integration, 2006, 7(4): 449-471.

[224] 包凤耐，彭正银. 网络能力视角下企业关系资本对知识转移的影响研究 [J]. 南开管理评论，2015, 18(3): 95-101.

[225] 蔡莉，彭秀青，王玲. 创业生态系统研究回顾与展望 [J]. 吉林大学社会科学学报，2016, 56(1): 5-16.

[226] 蔡莉，单标安. 中国情境下的创业研究：回顾与展望 [J]. 管理世界，2013 (12): 160-169.

[227] 蔡莉，单标安，汤淑琴等. 创业学习研究回顾与整合框架构建 [J]. 外国经济与管理，2012, 34(5): 1-8.

[228] 蔡莉，尹苗苗. 新创企业学习能力、资源整合方式对企业绩效的影响研究 [J]. 管理世界，2009 (10): 1-10.

[229] 陈国权. 学习型组织的过程模型、本质特征和设计原则 [J]. 中国管理科学，2002, 10(4): 86-94.

[230] 陈健，高太山，柳卸林等. 创新生态系统：概念、理论基础与治理 [J]. 科技进步与对策，2016, 33(17): 153-160.

[231] 陈健，高太山，马雪梅. 创新生态系统的战略思考 [J]. 科学管理研究，2016, 34(1): 1-4.

[232] 陈晓红，李喜华，曹裕. 创业知识资本与企业绩效关系研究 [J]. 科学学研究，2009, 27(5): 759-764.

[233] 陈学光. 网络能力、创新网络及创新绩效关系研究 [D]. 杭州：浙江大学，2007.

[234] 陈燕妮，王重鸣. 创业行动学习过程研究——基于新兴产业的多案例分析 [J]. 科学学研究，2015 (3): 419-431.

[235] 崔小青. 创业政策对海归高技术创业绩效的影响 [D]. 上海：华东师范大学，2014.

[236] 杜运周，张玉利. 互动导向与新企业绩效：组织合法性中介作用 [J]. 管理科学，2012.

[237] 丁岳枫. 创业组织学习与创业绩效关系研究 [D]. 杭州：浙江大学，2006.

[238] 董洁林. "天生全球化"创业模式探讨：基于"千人计划"海归高科技

创业的多案例研究 [J]. 中国软科学, 2013 (4): 26-38.

[239] 杜运周, 任兵, 陈忠卫等. 先动性、合法化与中小企业成长——一个中介模型及其启示 [J]. 管理世界, 2008 (12): 126-138.

[240] 范保群, 王毅. 战略管理新趋势: 基于商业生态系统的竞争战略 [J]. 商业经济与管理, 2006 (3): 3-10.

[241] 方刚. 基于资源观的企业网络能力与创新绩效关系研究 [D]. 杭州: 浙江大学, 2008.

[242] 方琦璐. 创业机会识别、战略导向与新创企业绩效 [D]. 杭州: 浙江大学, 2012.

[243] 冯军政, 刘洋, 金露. 企业社会网络对突破性创新的影响研究——创业导向的中介作用 [J]. 研究与发展管理, 2015, 27(2): 89-100.

[244] 古艳婷. 海归创业者社会网络、技术匹配与创业机会识别关系研究 [D]. 上海: 华东师范大学, 2012.

[245] 何霞, 苏晓华. 环境动态性下新创企业战略联盟与组织合法性研究——基于组织学习视角 [J]. 科研管理, 2016, 37(2): 90-97.

[246] 胡洪浩. 海归创业研究前沿与展望 [J]. 科技进步与对策, 2014, 31 (17): 151-155.

[247] 惠兴杰, 李晓慧, 罗国锋等. 创新型企业生态系统及其关键要素——基于企业生态理论 [J]. 华东经济管理, 2014, 28(12): 100-103.

[248] 侯杰泰, 温忠麟, 成子娟. 结构方程模型及其应用 [M]. 北京: 教育科学出版社, 2004.

[249] 蓝海林, 宋铁波, 曾萍. 情境理论化: 基于中国企业战略管理实践的探讨 [J]. 管理学报, 2012, 9(1): 12-16.

[250] 李泓桥. 创业导向、互补性资产对突破性创新的影响机制研究 [D]. 北京: 北京交通大学, 2015.

[251] 李林蔚, 江能前, 郑志清. 伙伴间竞合对联盟企业知识获取的影响研究 [J]. 研究与发展管理, 2014, 26(6): 32-42.

[252] 李万, 常静, 王敏杰等. 创新 3.0 与创新生态系统 [J]. 科学学研究, 2014, 32(12): 1761-1770.

[253] 李文亮, 赵息. 外部学习、环境不确定性与突破性创新的关系研究 [J]. 研究与发展管理, 2016 (2): 92-101.

[254] 李雪灵, 马文杰, 刘钊等. 合法性视角下的创业导向与企业成长: 基于中国新企业的实证检验 [J]. 中国工业经济, 2011 (8): 99-108.

[255] 梁运文, 谭力文. 商业生态系统价值结构、企业角色与战略选择 [J].

南开管理评论，2005, 8(1): 57-63.

[256] 林嵩. 创业情境研究综述与展望 [J]. 外国经济与管理，2012, 34(7): 35-41.

[257] 刘青，张超，吕若思，卢进勇. "海归"创业经营业绩是否更优：来自中国民营企业的证据 [J]. 世界经济，2013, 12: 70-89.

[258] 刘小元，李永壮. 董事会、资源约束与创新环境影响下的创业企业研发强度——来自创业板企业的证据 [J]. 软科学，2012, 26(6): 99-104.

[259] 柳卸林，孙海鹰，马雪梅. 基于创新生态观的科技管理模式 [J]. 科学学与科学技术管理，2015, 36(1): 18-27.

[260] 卢福财，胡平波. 网络租金及其形成机理分析 [J]. 中国工业经济，2006 (6): 84-90.

[261] 罗洪云，张庆普. 知识管理视角下新创科技型小企业突破性技术创新过程研究 [J]. 科学学与科学技术管理，2015, 36(3): 143-151.

[262] 罗思平，于永达. 技术转移、"海归"与企业技术创新——基于中国光伏产业的实证研究 [J]. 管理世界，2012, 11: 124-132.

[263] 马鸿佳，葛宝山，汤浩瀚. 科技型创业企业资源获取与动态能力关系的实证研究 [J]. 科学学与科学技术管理，2008, 29(11): 139-143.

[264] 毛基业，苏芳. 组织连接破裂与应对措施：供应商视角的案例研究 [J]. 南开管理评论，2012 (6): 111-122.

[265] 毛其淋，许家云. 中国企业对外直接投资是否促进了企业创新 [J]. 世界经济，2014,8:98-125.

[266] 梅亮，陈劲，刘洋. 创新生态系统：源起、知识演进和理论框架 [J]. 科学学研究，2014, 32(12): 1771-1780.

[267] 苗琦，鲍越，刘鹰. 人力资本与技术资本对我国海归创业意向影响 [J]. 科学学研究，2015, 33(7): 1035-1099.

[268] 穆春晓. 基于商业生态系统的竞争战略研究 [D]. 西安：西安电子科技大学，2007.

[269] 穆文，江旭. 联盟管理实践获取与联盟成功：被调节的中介效应 [J]. 管理科学，2016, 29(1): 28-39.

[270] 倪宁，王重鸣. 创业学习研究领域的反思 [J]. 科研管理，2005, 26(6): 94-98.

[271] 裴旭东，李随成，黄聿舟. 新创企业突破性创新能力的提升机理研究 [J]. 华东经济管理，2014, 28(10): 110-114.

[272] 裴云龙，江旭，刘衡. 战略柔性、原始性创新与企业竞争力——组织

合法性的调节作用 [J]. 科学学研究, 2013, 31(3): 446-455.

[273] 曲力秋. 海归派的中国梦——破解归国人员创业之谜 [J]. 新经济, 2000 (11): 6-14.

[274] 冉红霞. 中国海归创业研究 [D]. 无锡：江南大学，2008.

[275] 单标安. 基于中国情境的创业网络对创业学习过程的影响研究 [D]. 长春：吉林大学，2013.

[276] 宋铁波，莫靖华，薛妍. 公司创业的外部合法性获取研究——一个概念模型 [J]. 华南理工大学（社会科学版），2010, 12(6): 1-5.

[277] 苏晓华，吴琼珠，诸周成. 战略联盟有助于新创企业获取合法性吗？——一个有调节的中介模型 [J]. 科学学与科学技术管理，2015, 36(11): 79-89.

[278] 孙冰，徐晓菲，姚洪涛. 基于 MLP 框架的创新生态系统演化研究 [J]. 科学学研究，2016, 34(8): 1244-1254.

[279] 王国才，郑祎，王希凤. 不同类型关系专用性投资对中小企业能力升级的影响研究 [J]. 科学学与科学技术管理，2013, 34(5): 142-151.

[280] 王辉耀，路江涌. 国际人才蓝皮书——中国海归创业发展报告（2012）[M]. 北京：社会科学文献出版社，2012.

[281] 王辉耀，路江涌. 海归创业企业与民营企业对接合作与对比研究报告 [M]. 北京：北京大学出版社，2012.

[282] 王姝. 网商平台众包模式的协同创新研究 [D]. 杭州：浙江大学，2012.

[283] 王琴. 网络参与者的租金来源与实现途径 [J]. 中国工业经济，2009 (11): 99-108.

[284] 王寅，马鹏. 网络组织下企业经济租金的累积效应与获取途径 [J]. 企业经济，2013, 32(11): 69-72.

[285] 吴金希. 创新生态体系的内涵、特征及其政策含义 [J]. 科学学研究，2014, 32(1): 44-51.

[286] 邬爱其. 企业创新网络构建与演进的影响因素实证分析 [J]. 科学学研究，2006, 24(1): 141-149.

[287] 徐飞. 战略管础"后现代" [J]. 管理学家（实践版），2013 (2): 18-25.

[288] 许晖，许守任，王睿智. 网络嵌入、组织学习与资源承诺的协同演进——基于 3 家外贸企业转型的案例研究 [J]. 管理世界，2013 (10): 142-169.

[289] 薛晓辉，麦晴峰. 海外留学人员归国创业状况分析 [J]. 天津科技，2002, 29(2): 20-22.

[290] 颜永才. 产业集群创新生态系统的构建及其治理研究 [D]. 武汉：武汉理工大学，2013.

[291] 杨俊，田莉，张玉利等. 创新还是模仿：创业团队经验异质性与冲突特征的角色 [J]. 管理世界，2010 (3): 84-96.

[292] 杨荣. 创新生态系统的界定、特征及其构建 [J]. 科学与管理，2014, 34(3): 12-17.

[293] 杨毅，赵红. 共生性企业集群的组织结构及其运行模式探讨 [J]. 管理评论，2003, 15(12): 37-44.

[294] 姚耀，骆守俭. 西方组织生态理论研究综述 [J]. 上海商学院学报，2006 (3): 39-43.

[295] 尹苗苗，毕新华，王亚茹. 新企业创业导向、机会导向对绩效的影响研究——基于中国情境的实证分析 [J]. 管理科学学报，2015, 18(11): 47-58.

[296] 余绍忠. 创业绩效研究述评 [J]. 外国经济与管理，2013, 35(2): 34-42.

[297] 曾国屏，苟尤钊，刘磊. 从"创新系统"到"创新生态系统" [J]. 科学学研究，2013, 31(1): 4-12.

[298] 曾国军. 跨国公司知识溢出、组织间学习与中国企业的管理创新：基于服务业的一个研究框架 [J]. 科技进步与对策，2009, 26(9): 113-116.

[299] 张贵，刘雪芹. 创新生态系统作用机理及演化研究——基于生态场视角的解释 [J]. 软科学，2016, 30(12): 16-19.

[300] 张浩，崔丽，侯汉坡. 基于协同学的企业战略协同机制的理论内涵 [J]. 北京工商大学学报（社会科学版），2011, 26(1): 69-75.

[301] 张枢盛，陈继祥. 中国海归企业基于二元网络的组织学习与技术创新——一个跨案例研究 [J]. 科学学与科学技术管理，2014, 35(1): 117-125.

[302] 张玉利，杜国臣. 创业的合法性悖论 [J]. 中国软科学，2007 (10): 47-58.

[303] 张玉利，曲阳，云乐鑫. 基于中国情境的管理学研究与创业研究主题总结 [J]. 外国经济与管理，2014, 36(1): 65-72.

[304] 张玉利，田新. 创业者风险承担行为透析——基于多案例深度访谈的探索性研究 [J]. 管理学报，2010, 7(1): 82-90.

[305] 张玉利，杨俊，戴燕丽. 中国情境下的创业研究现状探析与未来研究建议 [J]. 外国经济与管理，2012, 34(1): 1-9.

[306] 赵放，曾国屏. 多重视角下的创新生态系统 [J]. 科学学研究，2014, 32(12): 1781-1788.

[307] 赵丽缦，顾庆良. 国际社会创业研究前沿探析：基于情境分析视角 [J]. 外国经济与管理，2014, 36(5): 12-22.

[308] 赵息，李文亮. 知识特征与突破性创新的关系研究——基于企业社会资本异质性的调节作用 [J]. 科学学研究，2016, 34(1): 99-106.

[309] 郑伯埙，黄敏萍. 实地研究中的案例研究 [M]. 北京：北京大学出版社，2012.

[310] 郑素丽. 组织间资源对企业创新绩效的作用机制研究 [D]. 杭州：浙江大学，2008.

[311] 周冬梅. 创业资源获取与创业网络关系动态演化研究 [D]. 成都：电子科技大学，2011.

[312] 周怀乐. 网络视角下企业合作创新动机研究 [D]. 上海：上海交通大学，2009.

[313] 周劲波，黄胜，叶广宇. 组织学习、合法性与国际新创企业进入后速度 [J]. 科学学与科学技术管理，2014, 35(11): 129-141.

[314] 周娴. 创新合法性、资源获取与企业商业模式创新行为研究 [D]. 广州：华南理工大学，2014.

[315] 朱秀梅，张妍，李明芳. 国际创业研究演进探析及未来展望 [J]. 外国经济与管理，2011, 33(11): 21-28.

附　录

海归创业研究调查问卷

尊敬的先生/女士：

您好！感谢您在百忙之中阅读并填写该调查问卷。本次调研旨在了解海归创业企业的基本情况并对相关学术问题进行研究。我们郑重承诺：本次调研将绝不涉及贵企业的商业秘密，并对您所提供的信息严格保密，请您放心作答。如果您对本次调研结论感兴趣，请在问卷最后留下您的邮箱，届时我们将通过 E-mail 把研究结论发送给您。

【问卷说明】

本研究将海归创业企业界定为：①所处产业为高新技术产业；②企业法人为海归人才或海归人才自有资金（含技术入股）及海内外跟进的风险投资占企业总投资的 30% 以上。

请注意：如果您不是贵企业的创建者，某些信息请依据您对企业创建者的了解并结合贵企业的情况填写。

第一部分：基本信息

您的性别：□男　□女　您的出生年份：

您在海外留学或工作的国家：　　您在海外留学或工作的时间：

您在海外留学或工作的专业或行业：

您的最高学历：

您目前的创业项目与您在海外留学或工作的经历是否相关：□是　□否

企业名称：　　　　　　企业成立时间：

企业成立时的员工数量约为：　　企业 2015 年的员工数量约为：

企业 2015 年的销售收入约为：　　企业 2015 年的新产品销售收入约为：

企业 2015 年研发投入占销售收入的比重约为_____%

企业 2015 年申请专利数量：

企业所属行业：□节能环保 □信息技术 □生物制药 □高端装备制造 □新能源 □新材料 □新能源汽车 □其他行业

企业性质：□国有 □民营 □集体 □三资 □其他

企业是否上市：□是 □否　企业是否获得风险投资：□是 □否

企业是否获得政府补贴：□是 □否　企业是否有海外业务：□是 □否

第二部分：企业的创业行为与绩效

（1）创业学习。

以下描述旨在了解您及贵企业创业学习的基本情况，请您认真考虑下列陈述的内容，在 1~5 中选择您最认同的数字。其中，1 表示完全不同意；2 表示比较不同意；3 表示一般同意；4 表示比较同意；5 表示完全同意。

序号	测量题项	完全不同意——完全同意
Q_{1-1}	您经常与行业中的专业人员进行交流	1　2　3　4　5
Q_{1-2}	您非常关注同行业中的"标杆"企业的行为（包括失败行为）	1　2　3　4　5
Q_{1-3}	您经常参与各种正式或非正式的讨论会	1　2　3　4　5
Q_{1-4}	您经常阅读相关书籍和文献以获取有价值的创业信息	1　2　3　4　5
Q_{1-5}	您在创业过程中持续收集有关内、外部环境的信息	1　2　3　4　5
Q_{1-6}	您通过持续的创业实践来反思或纠正已有的经验	1　2　3　4　5
Q_{1-7}	您认为不断地创业实践是应对外部环境变革的有效方式	1　2　3　4　5

（2）国内网络规模和异质性。

以下描述旨在了解您及贵企业国内创业网络的规模与异质性，请您认真考虑下列陈述的内容，在与贵企业实际情况最相近的一栏打"√"。

请填写在创业过程中与您及贵企业有直接联系的国内的个人或机构的数量						
序号	测量题项	几乎没有	1~3	4~7	7~10	10以上
Q₂₋₁	亲戚或朋友					
Q₂₋₂	供应商					
Q₂₋₃	竞争对手					
Q₂₋₄	客户					
Q₂₋₅	政府机构					
Q₂₋₆	金融机构					
Q₂₋₇	大学及科研机构					
Q₂₋₈	行业协会					
Q₂₋₉	中介服务机构 （如会计、律师事务所）					

（3）国内网络强度。

以下描述旨在了解您及贵企业国内创业网络的强度，请您认真考虑下列陈述的内容，在1~5中选择您最认同的数字。其中，1表示非常不频繁；2表示比较不频繁；3表示一般频繁；4表示比较频繁；5表示非常频繁。

请填写在创业过程中与您及贵企业与以下国内的个人或机构联系的频繁程度		
序号	测量题项	非常不频繁————非常频繁
Q₃₋₁	亲戚或朋友	1 2 3 4 5
Q₃₋₂	供应商	1 2 3 4 5
Q₃₋₃	竞争对手	1 2 3 4 5
Q₃₋₄	客户	1 2 3 4 5
Q₃₋₅	政府机构	1 2 3 4 5
Q₃₋₆	金融机构	1 2 3 4 5
Q₃₋₇	大学及科研机构	1 2 3 4 5
Q₃₋₈	行业协会	1 2 3 4 5
Q₃₋₉	中介服务机构（如会计、律师事务所）	1 2 3 4 5

（4）国内市场认可程度。

以下描述旨在了解贵企业在国内市场的被认可程度，请您认真考虑下列陈述的内容，在1~5中选择您最认同的数字。其中，1表示完全不同意；2表示比较不同意；3表示一般同意；4表示比较同意；5表示完全同意。

序号	测量题项	完全不同意——完全同意
Q$_{4-1}$	贵企业的经营运作获得了国家相关法律法规的批准	1 2 3 4 5
Q$_{4-2}$	贵企业通过了国内行业标准的认证	1 2 3 4 5
Q$_{4-3}$	员工会自豪地告诉别人他们是贵企业的成员	1 2 3 4 5
Q$_{4-4}$	国内的竞争者对贵企业很尊重	1 2 3 4 5
Q$_{4-5}$	国内的供应商希望与贵企业做生意	1 2 3 4 5
Q$_{4-6}$	国内的顾客高度评价贵企业的产品	1 2 3 4 5
Q$_{4-7}$	本地政府高度评价贵企业的经营行为	1 2 3 4 5
Q$_{4-8}$	国内投资者愿意与贵企业接洽	1 2 3 4 5
Q$_{4-9}$	国内媒体较多地关注贵企业并给予正面报道	1 2 3 4 5

（5）国内合作网络质量。

以下描述旨在了解贵企业国内合作网络的质量，请您认真考虑下列陈述的内容，在1~5中选择您最认同的数字。其中，1表示完全不同意；2表示比较不同意；3表示一般同意；4表示比较同意；5表示完全同意。

贵企业与国内合作伙伴（包括国内企业、大学及科研机构、政府、中介机构、行业协会、顾客等）		
序号	测量题项	完全不同意——完全同意
Q$_{5-1}$	信任彼此的技术专业程度	1 2 3 4 5
Q$_{5-2}$	相信对方不会泄露商业机密	1 2 3 4 5
Q$_{5-3}$	信任对方所提供信息的准确性	1 2 3 4 5
Q$_{5-4}$	承诺遵守互惠互利原则	1 2 3 4 5
Q$_{5-5}$	愿意为了双方共同受益而持续改进	1 2 3 4 5
Q$_{5-6}$	愿意为了长期关系而做出短期牺牲	1 2 3 4 5
Q$_{5-7}$	为维护彼此的关系投入了大量的时间和精力	1 2 3 4 5
Q$_{5-8}$	为维护彼此的关系在土地厂房、生产设备、物流设施等硬件方面进行了专门投资	1 2 3 4 5
Q$_{5-9}$	为维护彼此的关系在人力资源、技术知识、业务流程等软件方面进行了专门投资	1 2 3 4 5

（6）国内互补性资源。

以下描述旨在了解贵企业获取国内互补性资源的情况，请您认真考虑下列陈述的内容，在1~5中选择您最认同的数字。其中，1表示完全不同意；2表示比较不同意；3表示一般同意；4表示比较同意；5表示完全同意。

国内合作伙伴（包括国内企业、大学及科研机构、政府、中介机构、行业协会、顾客等）为贵企业提供了项目的成功所必不可少的		
序号	测量题项	完全不同意——完全同意
Q6-1	工作场所、仪器和设备	1　2　3　4　5
Q6-2	专利技术、专业知识和人才	1　2　3　4　5
Q6-3	加工、制造和组装工艺	1　2　3　4　5
Q6-4	行业信息	1　2　3　4　5
Q6-5	管理经验、采购、销售渠道和技能	1　2　3　4　5
Q6-6	资金支持	1　2　3　4　5

（7）与国内合作伙伴的共同行动。

以下描述旨在了解贵企业的合作行为请您认真考虑下列陈述的内容，在1~5中选择您最认同的数字。其中，1表示完全不同意；2表示比较不同意；3表示一般同意；4表示比较同意；5表示完全同意。

序号	测量题项	完全不同意——完全同意
贵企业与国内合作伙伴（包括国内企业、大学及科研机构、政府、中介机构、行业协会、顾客等）		
Q7-1	共同制定长期预测和需求规划	1　2　3　4　5
Q7-2	共同制定决策	1　2　3　4　5
Q7-3	共同设计新产品	1　2　3　4　5
Q7-4	共同开发新产品	1　2　3　4　5
Q7-5	共同解决问题和冲突	1　2　3　4　5

（8）突破性创新能力。

以下描述旨在了解贵企业的突破性创新能力，请您认真考虑下列陈述的内容，在1~5中选择您最认同的数字。其中，1表示完全不同意；2表示比较不同意；3表示一般同意；4表示比较同意；5表示完全同意。

与国内同行相比		
序号	测量题项	完全不同意——完全同意
Q8-1	贵企业开发了全新的产品技术	1　2　3　4　5
Q8-2	贵企业的工艺流程进行了大的改进	1　2　3　4　5
Q8-3	贵企业的产品结构具有根本性的差异	1　2　3　4　5
Q8-4	贵企业的业务领域发生了重要调整	1　2　3　4　5
Q8-5	贵企业推出的新产品或新工艺对行业产生了重大影响	1　2　3　4　5